Allgäuer Alpen
Höhenwege und Klettersteige

Dieter Seibert

Allgäuer Alpen

Höhenwege und Klettersteige

Sechs ausgewählte Durchquerungen in den Allgäuer Alpen mit
insgesamt 40 Tagesetappen.
Mit Heilbronner Höhenweg, Mindelheimer und Hindelanger Klettersteig.

Mit 92 Farbfotos,
16 Wanderkärtchen im Maßstab 1:75.000 und
zwei Übersichtskarten im Maßstab 1:250.000 und 1:550.000

BERGVERLAG ROTHER GMBH · MÜNCHEN

Umschlagbild:
Hindelanger Klettersteig an den Wengenköpfen (Tour 16).

Bild gegenüber dem Titel (Seite 2):
Waltenbergerhaus und Berg der guten Hoffnung.

Alle Fotos vom Autor, mit Ausnahme der Bilder von den
Seiten 9 (Gerti Pult), 11 und 25 (E. Hüsler).

Kartografie:
Wanderkärtchen im Maßstab 1:75.000 und Übersichtskärtchen im
Maßstab 1:250.000 und 1:550.000 © Freytag & Berndt, Wien

13. Auflage 2008
© Bergverlag Rother GmbH, München

ISBN 978-3-7633-3120-8

Vorwort

Die Allgäuer Alpen gliedern sich in drei Zonen. Von den typischen Voralpen über eine mittelhohe, sehr vielgestaltige Region mit berühmten Grasbergen wie Höfats und Schneck, Karstgebieten, felsigen Gipfeln usw. steigert sich die Landschaft bis zu den Ketten der ganz großen Felsberge mit Trettachspitze, Mädelegabel, Hochvogel … Vor allem die nördlichen Teile des Gebirges gehören zu den besterschlossenen Berggebieten überhaupt. Es gibt ein dichtes Netz von Wegen und Steigen, zahllose Hütten und Berggasthäuser, Lifte, Bergbahnen und Höhenstraßen. Wie beliebt gerade diese Gruppe ist, zeigt die Größe der Alpenvereinshütten; in der Rappenseehütte gibt es 342, in der Kemptner Hütte 285 Schlafplätze, sogar das private Gimpelhaus bietet 240 Plätze.

Die beliebteste, berühmteste, begehrteste große Einzeltour ist der Heilbronner Weg, ein gut gesicherter Steig über zwei bis zu 2615 m hohe Gipfel, der schon 1899 eröffnet wurde. Die Durchquerung des Gebirges von Hütte zu Hütte in etwa einer Woche gehört ebenfalls zu den Lieblingsunternehmen der Bergwanderer. Und dann locken noch zwei Eisenwege der Extraklasse die entsprechenden Liebhaber an, der Mindelheimer und der Hindelanger Klettersteig. Ihren besonderen Reiz bekommen sie durch ihre Routenführung stets über die Grate; es werden dabei jeweils vier Gipfel bestiegen. All das und noch mehr findet der Interessierte in diesem Führer.

Er ist zudem so abgefasst, dass man alle Tourenabschnitte auch für sich alleine begehen kann. Wer zum Beispiel noch nie auf dem Hohen Licht (2651 m) gestanden hat, aber die Höhenwege rundum schon kennt, findet hier eine ganz besondere Route zu diesem Ziel.

Der hier vorliegende Band ist einer der ersten innerhalb der »Rother Wanderführer«, der den Bereich Höhenwege und Durchquerungen behandelt. Wie man sieht, eignet sich die Reihe bestens dafür, wenn man auf die speziellen Belange dieser Tourenart eingeht. Ich hoffe als Autor, dafür einen guten Weg gefunden zu haben, und wünsche ihnen schöne und erlebnisreiche Tourentage in den Allgäuer Alpen.

Sonthofen, im Juli 2008

Dieter Seibert

Inhaltsverzeichnis

Touristische Hinweise

Anforderungen

Von den drei richtigen Klettersteigen abgesehen (Mindelheimer, Hindelanger, Friedberger Klettersteig), handelt es sich bei den beschriebenen Touren ausschließlich um Höhenwanderungen auf angelegten Wegen und Steigen (den reich gesicherten Heilbronner Weg kann man etwa in der Mitte zwischen einer Bergwanderung und einem Klettersteig einreihen). Das Vorhandensein von Wegen schließt anspruchsvollere Stellen jedoch keineswegs aus, etwa Schrofenzonen, die dann meist mit Drahtseilen etc. gesichert sind. Deshalb ist bei relativ vielen Routen Trittsicherheit notwendig. Die Anforderungen steigen bei Nässe (vor allem in den Steilgras-Gebieten) und natürlich bei Schnee.

Bitte achten Sie darauf, dass es einige sehr lange Tagesetappen gibt wie bei Tour 10 oder 30. Für diese braucht man nicht nur entsprechende Kondition, sondern auch stabiles Wetter. Vor allem sollte man in der Höhe nicht in ein Gewitter geraten, die hier, so nahe am Alpenrand, häufig vorkommen.

Die Bewertung der einzelnen Touren mit den drei Farbkategorien kann nur ein Vergleich zwischen den Höhenwegen sein, da diese ja einen ganz anderen Charakter haben als etwa die Unternehmen in ausgesprochenen Wanderführern. Fast alle Routen stellen gewisse Anforderungen, sodass »blau« hier nur selten vertreten ist.

BLAU

Wege ohne technisch anspruchsvolle oder ausgesetzte Stellen in tieferen oder mittleren Höhenlagen.

ROT

Bergwege mit kurzzeitig auch felsigen und manchmal etwas ausgesetzten (dann fast immer gesicherten) Passagen. Etwas Trittsicherheit und alpine Erfahrung nötig. Teilweise in der Hochregion und deshalb steigende Wahrscheinlichkeit, dass man auf Firnfelder etc. trifft.

SCHWARZ

Alpine Steige, teilweise im Steilgelände, meist gut gesichert, trotzdem Trittsicherheit und hochalpine Erfahrung wichtig. Möglichkeit von Schneefeldern. Zum Teil recht lange Routen, die auch an schwierigeren Stellen ein rasches Vorwärtskommen verlangen, damit man nicht in Zeitnot gerät.

Allgäu-Spezifisches

Im Vorwort wurde schon das Typische der Landschaft in den Allgäuer Alpen beschrieben. Das Auffallendste sind dabei die Grasberge. Auf vielen Etappen unserer Höhenwege wandert man zumindest zeitweise in diesem Gelände mit seinen erdigen Wegen, die sich bei Feuchtigkeit oder gar bei nassem Neuschnee in regelrechte Rutschbahnen verwandeln können. So ist

Auf dem Weg von der Schönbergalpe auf den Besler (Tour 39).

man etwa bei Tour 10, die unter reinen Felsbergen beginnt und endet, doch lange Zeit – zum Beispiel auf den Graten von Kreuz- und Rauheck – im Grasgelände unterwegs. Ist die Erde schmierig, steigt nicht nur die Mühe, sondern auch die Gefahr.

Das Oberallgäu und damit unsere Tourengebiete gehören im Winter zu den schneereichsten Regionen der Alpen. Dafür gibt es einen guten Grund: Das Gebiet liegt ausgeprägt im Staubereich der Schlechtwetterfronten. Damit sind zwar die Sonnentage hier nicht seltener als in anderen Gebieten, doch das Schlechtwetter bringt erhöhte Niederschläge, mehr Wind und Nebel. In den höheren Teilen des Gebirges muss man deshalb bis in den Sommer hinein mit Altschneefeldern rechnen, außerdem kann es selbst im Hochsommer zu Neuschneefällen kommen.

Durchquerungen und Einzeltouren

Dieser Band ist in erster Linie auf Höhenwege und Durchquerungen von Hütte zu Hütte abgestimmt. Die Texte sind so verfasst, dass sich die einzelnen beschriebenen Etappen nahtlos aneinander hängen lassen. Dazwischen gibt es ein paar Abstecher zu besonderen Gipfeln und manchmal eine alternative Route zum üblichen Weg.

Die Tagesetappen lassen sich jedoch auch jeweils als Einzeltouren durchführen; von wenigen Ausnahmen abgesehen, sind das auch für sich alleine sehr lohnende, reizvolle Unternehmen. Im Text wird deshalb auf die direkten Zugänge zu den Hütten und die Möglichkeiten für eine Rückkehr ins Tal hingewiesen. Da beides auf breiten, gut beschilderten Wegen geschieht, sind detaillierte Beschreibungen überflüssig.

Klettersteige

Nur knapp 5 Prozent der hier beschriebenen Routen sind Klettersteige. Deshalb an dieser Stelle nur wenige Worte zu dem Thema; wer sich genau informieren will, dem sei der Rother Wanderführer spezial »Klettersteige in Bayern, Vorarlberg, Tirol, Salzburg« empfohlen. Die übliche Klettersteigausrüstung (Anseil-Geschirr, Steilstück von 4 m Länge und 11,5 mm Durchmesser, 2 Klettersteig-Karabiner, Steinschlaghelm) sollte am Heilbronner Weg überflüssig sein; wer die dort auftretenden Schwierigkeiten nicht beherrscht, sucht sich lieber einfachere Touren aus. Ja, auf so frequentierten Wegen führt das zeitraubende Hantieren mit den Sicherungen oft zu zusätzlichen und ganz unnötigen »Staus«. Selbst bei den beiden großen Eisenwegen, Mindelheimer und Hindelanger Klettersteig, macht die Tour viel mehr Spaß, wenn man längere Strecken ohne Sicherungen unterwegs ist.

Auch hier noch der Hinweis auf das für die Allgäuer Berge so typische Grasgelände, das auch auf den beiden Klettersteigen – vor allem der Hindelanger Steig ist davon betroffen – für unangenehmes oder gar gefährliches Rutschen sorgen kann.

Anreise

Die allermeisten Autofahrer kommen auf der Allgäu-Autobahn (A 7). Auf ihr zum Allgäu-Dreieck, dann auf der A 980 zur Ausfahrt Waltenhofen, weiter

auf der B 19 zu den Ausgangspunkten wie Oberstdorf, Kleinwalsertal und Oberstaufen. Ins Tannheimer Tal fährt man am besten von der Ausfahrt Oy-Mittelberg über das Oberjoch, ins Lechtal vom Autobahnende bei Nesselwang, dann durch den Füssener Grenztunnel und über Reutte.

Mit öffentlichen Verkehrsmitteln: Mit der Bahn über Kempten und Sonthofen nach Oberstdorf, von dort mit dem Bus ins Kleinwalsertal. Nach Oberstaufen ebenfalls mit der Bahn von Kempten über Immenstadt. Ins Tannheimer Tal von Sont-

Im Urbeleskar gegen den Hochvogel (Tour 25).

Auf dem Mindelheimer Klettersteig an den Schafalpenköpfen (Tour 4).

hofen mit dem Bus. Ins Lechtal von Reutte (Bahnhof der Strecke Kempten – Garmisch-Partenkirchen) ebenfalls per Bus.

Talorte

Das gesamte südliche Illertal und auch das Tannheimer Tal sind ausgesprochene Feriengebiete mit zahllosen Hotels, Gasthöfen, Pensionen, Privathäusern, Campingplätzen usw. Jede Gemeinde hat ihr eigenes Verkehrsamt inklusive Zimmervermittlung; dort erhält man alle gewünschten Auskünfte.

Hütten, Berggasthäuser etc.

Außer bei den Touren 32 bis 40 in den Allgäuer Voralpen wird bei den Durchquerungen fast immer in Alpenvereinshütten übernachtet, es handelt sich dabei meist um besonders stattliche Häuser. Doch trotz der vielen Schlafplätze (z.B. 342 in der Rappenseehütte!) herrscht manchmal lebhafter Andrang. In den privaten Berggasthäusern und Hütten sollte man sich auf jeden Fall anmelden, da dort meist nur so viele Personen aufgenommen werden, wie Schlafplätze vorhanden sind.

Gehzeiten

Die Gehzeiten ergeben sich nicht nur aus Entfernung und Höhenunterschied, sie werden auch stark von der persönlichen Kraft und Tagesform, vom Gewicht des Rucksacks, der Trittsicherheit etwa auf Schrofen oder bei einem steilen Abstieg usw. beeinflusst. Schon für einen Aufstieg ist es problematisch für jedermann gültige Zeiten festzulegen, bei Höhenwegen gibt es noch viel größere Spannen, zumal viele Wanderer allzu dicke Rucksäcke durch die Berge schleppen, obwohl alle Hütten bestens bewirtschaftet sind. Gehzeiten können deshalb nur Richt- und Vergleichszahlen sein.

Karten

Die Blätter WK 363 »Oberstdorf, Kleines Walsertal, Sonthofen« und WK 352 »Ehrwald – Lermoos – Reutte – Tannheimer Tal« (Maßstab 1:50.000) von Freytag&Berndt decken das Tourengebiet dieses Führers ab.
Das Bayerische Landesvermessungsamt gibt für Bergwanderer gut geeignete Spezialdrucke heraus; fast die gesamten, hier beschriebenen Touren findet man auf dem Blatt »Allgäuer Alpen«, Maßstab 1:50.000.

Hinweis: Auf der Website www.rother.de (WebLinks/GeoSuche) des Bergverlag Rother finden Sie viele nützliche Links zu Allgäu und Allgäuer Alpen.

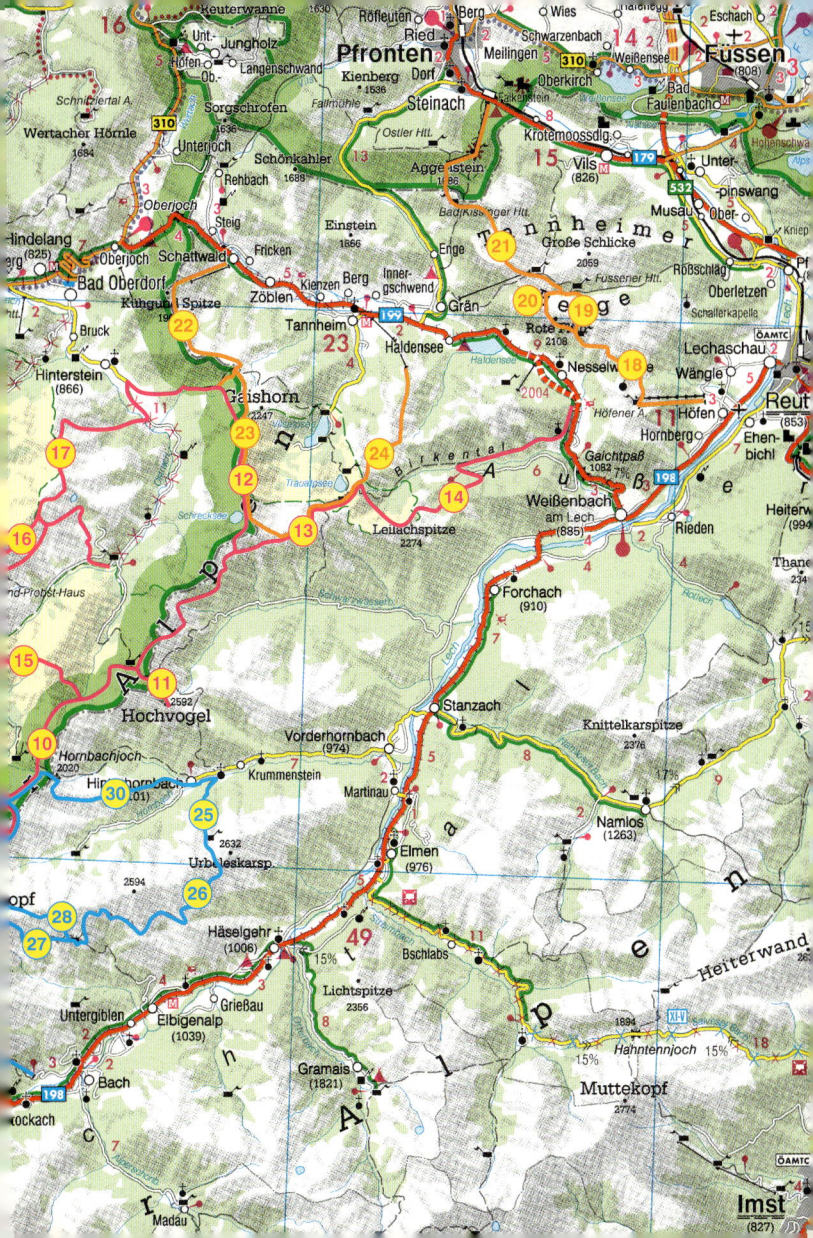

Große Durchquerung der Allgäuer Alpen

Hier wird die klassische Höhenroute durch die Allgäuer Alpen beschrieben, die bei den Bergwanderern ausgesprochen beliebt ist. Gipfeltouren wie jene zum Großen Krottenkopf, der höchsten Erhebung des Gebirges, und alternative Wege runden das Programm ab. Ja, es gibt sogar zwei besondere Leckerbissen, die man in diese Tour mit einbeziehen kann, den Mindelheimer und den Hindelanger Klettersteig; der berühmte Heilbronner Weg gehört sowieso zum Standardprogramm. Man ist bei dieser Tour in einem Halbkreis um das Illertal – etwa eine Woche – unterwegs, meist im Bereich der großen Gipfel.

Bedingungen

Auch Routen von Hütte zu Hütte kann man unterschätzen! In einem Gebirge dieser Höhe trifft man immer wieder auf anspruchsvollere Stellen mit Schrofen oder Fels, die nicht alle mit Sicherungen entschärft sind. Ihre Überwindung ist manchmal heikler als etwa die Begehung des Heilbronner Wegs mit seinen liebevoll angebrachten Drahtseilen, Klammern …

In den Allgäuer Bergen gibt es zudem noch eine spezifische Eigenart und Erschwernis: Die so häufigen (Steil-)Grasregionen können bei Nässe, nach Frost usw. reichlich schmierig werden. Da ist dann vor allem gutes Schuhwerk gefragt mit möglichst festen Sohlen. Außerdem gibt es in diesen Höhen Altschneefelder – etwa in geschützten Rinnen – bis in den Sommer und es kann dort oben zu jeder Zeit frisch schneien.

Auch Kondition ist bei einer Durchquerung der Allgäuer Alpen gefragt. Bis zu neun Stunden (Kemptner Hütte – Prinz-Luitpold-Haus) sind die Etappen lang! Da ist natürlich auch zuverlässiges Wetter eine wichtige Voraussetzung. Auf mögliche »Fluchtwege« sollte man nicht allzu sehr setzen. Teilweise verlangen sie lange Märsche wie etwa vom Rauheck (Tour 10) über Gerstruben nach Oberstdorf, andere wiederum sind bei Nebel oder gar Neuschnee manchmal nur schwer zu finden.

Bei der Rappenseehütte mit Blick auf den Hochrappenkopf (Tour 5-7).

Die Zeiten, in der die hier beschriebenen Höhenwege begangen werden können, bestimmen die Öffnungszeiten der Hütten: Mitte Juni bis Mitte Oktober.

DIE ROUTE IM ÜBERBLICK

	Abschnitt	Stützpunkt	Gehzeit
1	Söllereckbahn – Fellhorn – Fiderepasshütte	Fiderepasshütte	5 Std.
2	*Alternative:* Kanzelwand – Fiderepasshütte	Fiderepasshütte	2¼ bzw. 3 Std.
3	Fiderepasshütte –Krumbacher Höhenweg – Mindelheimer Hütte	Mindelheimer Hütte	2½ Std.
4	*Alternative:* Mindelheimer Klettersteig	Mindelheimer Hütte	3½ Std.
5	Mindelheimer Hütte – Mutzentobel – Rappenseehütte	Rappenseehütte	4 Std.
6	Abstecher zum Hohen Licht	Rappenseehütte	3½ Std.
7	Rappenseehütte – Heilbronner Weg – Waltenbergerhaus	Waltenbergerhaus	4 Std.
8	Waltenbergerhaus – Mädelegabel – Heilbronner Weg – Kemptner Hütte	Kemptner Hütte	4½ Std.
7+8	Rappenseehütte – Heilbronner Weg – Kemptner Hütte	Kemptner Hütte	5½ Std.
9	Kemptner Hütte – Großer Krottenkopf – Kemptner Hütte	Kemptner Hütte	5 Std.
10	Kemptner Hütte – Rauheck – Prinz-Luitpold-Haus	Prinz-Luitpold-Haus	9 Std.
11	Prinz-Luitpold-Haus – Hochvogel – Kreuzspitze – Prinz-Luitpold-Haus	Prinz-Luitpold-Haus	4½ Std.
12	Prinz-Luitpold-Haus – Schrecksee – Hinterstein		5½ bzw. 7½ Std.
13	Prinz-Luitpold-Haus – Lahnerscharte – Landsberger Hütte	Landsberger Hütte	5 Std.
14	Landsberger Hütte – Leilachspitze – Rauth		5 Std.
	Variante mit Klettersteig:		
15	Prinz-Luitpold-Haus – Laufbachereck – Edmund-Probst-Haus	Edmund-Probst-Haus	4½ Std.
16	Edmund-Probst-Haus – Hindelanger Klettersteig – Giebelhaus		5½ Std.
17	Edmund-Probst-Haus – Daumen – Breitenberg – Hinterstein		6½ bzw. 9 Std.

1 Söllereckbahn – Fellhornkamm – Kühgund – Fiderepasshütte

Schönste Blumentour der Allgäuer Alpen

Talort: Oberstdorf (815 m), bekanntester Ferienort im Allgäu. Bahnhof der Strecke von Kempten, Autozufahrt auf der B 19.
Ausgangspunkt: Per Bus von Oberstdorf zur Talstation der Söllereckbahn (1000 m) oder dorthin mit dem Pkw auf der B 19 etwa 3 km vom Kreisverkehr vor Oberstdorf Richtung Kleinwalsertal. Fahrt mit der Bahn zur Bergstation (1350 m).
Gehzeiten: Bergstation Söllereckbahn – Fellhorn 2½ Std., Fellhorn – Fiderepasshütte knapp 2½ Std.; Gesamtzeit 5 Std.
Anforderungen: Meist breite Wege oder Steige, teilweise steileres Gelände und ausgeprägte Grate, bei Nässe unangenehm schmierig (dann evtl. Fahrt mit der

Seilbahn auf das Fellhorn).
Höhenunterschiede: Zum Fellhorn 760 Hm, zur Fiderepasshütte zusätzlich 440 Hm im Aufstieg. Im Abstieg insgesamt 480 Hm.
Höchste Punkte: Fiderepasshütte (2065 m), Fellhorn (2038 m).
Stützpunkt: Fiderepasshütte (2065 m), DAV, Sektion Oberstdorf, bew. Ende Mai bis Mitte Oktober, 110 Schlafplätze, Winterraum 15 Plätze (mit AV-Schlüssel zugängig), Tel. A-0664/3203676.
Abstiegsmöglichkeit: In etwa 1¾ Std. auf guten Bergwegen durchs Wildental hinab nach Bödmen und weiter nach Mittelberg. Mit dem Bus zurück zur Söllereckbahn.

Wer Zeit und Muße hat, beginnt seine große Rundtour durch die Allgäuer Alpen bereits mit der Überschreitung des Fellhornkammes. Dieser aus Flysch aufgebaute Bergzug ist berühmt für seine außergewöhnlich üppige und artenreiche Flora. Viele unternehmen deshalb diese Tour auch nur für sich alleine. Beim Weiterweg zum Fiderepass mit seiner sehr schön auf den Matten gelegenen Hütte wandert man dann durch eine Landschaft ganz anderer Art mit Weideflächen, Latschen und einer ganz nahen und wilden Felskulisse, in der vor allem die Hammerspitzen (2258 m) imponieren. Bei sich verschlechternden Verhältnissen gibt es gleich zwei bequeme Möglichkeiten für eine Flucht: Talfahrt mit der Fellhornbahn ins Stillachtal oder nach einem kurzen Anstieg vom Gundsattel mit der Kanzelwand-

Rossgundkopf vom Weg vom Fellhorn zur Kühgundalpe.

Fellhornkamm über dem Kleinwalsertal.

Unter dem Fellhorn, Blick auf die Hammerspitzen.

bahn nach Riezlern im Kleinwalsertal; von dort erreicht man mit dem Bus rasch wieder die Talstation der Söllereckbahn.

Zum Fellhorn: Von der Bergstation (Gasthäuser) geht es kurz empor, dann wandert man auf breitem Alpweg nach links durch Wald und über Weideflächen zur Sölleralpe (1523 m, Brotzeit). In steilen Kehren erreicht man über die Hänge den Kamm (1750 m) schon ein Stück oberhalb des Söllerecks. Der ausgeprägten, üppig bewachsenen Schneide mit ihren steileren Stufen folgend auf den Westgipfel der Söllerköpfe und weiter über den noch langen, nun freien Grat, den Schlappoltkopf (1968 m) überschreitend, auf das Fellhorn (2038 m).

Weiterweg zur Hütte: An der nahen Bergstation der Seilbahn vorbei über den bald breiten Rücken bis kurz vor den tiefsten Sattel (Gundsattel) hinab. Hier steigt man nach links auf einen nahen Boden (1720 m) ab. Von dort geht es mit viel Auf und Ab tief unter der Kanzelwand hindurch zu den Böden der ehemaligen Rossgundalpe (1690 m). Allmählich führt der Weg wieder aufwärts und erreicht schräg durch die Hänge die Geländeschwelle bei der Kühgundalpe. Der letzte Abschnitt: durch eine reizvolle, von Wänden begleitete Hochmulde sanft empor, dann links über eine steile Stufe und über letzte Hänge zur Hütte (2065 m) etwas oberhalb des Fiderepasses.

2 Kanzelwandbahn – Kühgund oder Schüsser – Fiderepasshütte

Alternative Möglichkeiten zu Tour 1 im Bereich der Hammerspitzen

Talort: Riezlern (1086 m), Ferienort im Kleinwalsertal, den man auf guter Straße rasch aus dem Gebiet von Oberstdorf erreicht; von dort auch Busverkehr.

Ausgangspunkt: Im Ort die Talstation der Kleinkabinenbahn zur Kanzelwand; Bergstation in 1949 m Höhe auf dem Gundkopf, weiter Rundblick.

Gehzeiten: Bergstation – Rossgund 1 Std., Rossgund – Fiderepasshütte 1¼ Std.; Gesamtzeit 2¼ Std. Oder: Bergstation – Schüsser 1½ Std., Schüsser – Wannenalpe – Fiderepasshütte knapp 1½ Std.; Gesamtzeit 3 Std.

Anforderungen: Auf dem Höhenweg über Ross- und Kühgund breite, allerdings holperige Steige ohne alle Probleme. Bei Überschreitung des Schüssers entweder eine kurze Schrofenstelle oder ein längerer Schrofengrat mit leichter Kletterei (I), Trittsicherheit dort wichtig.

Höhenunterschiede: Hüttenweg über Kühgund 460 Hm im Aufstieg, 350 Hm im Abstieg; über den Schüsser 570 Hm im Aufstieg, 450 Hm im Abstieg.

Höchster Punkt: Kanzelwand (2059 m), evtl. Schüsser (2170 m).

Stützpunkt: Fiderepasshütte (2065 m), DAV, Sektion Oberstdorf, bew. Ende Mai bis Mitte Oktober, 110 Schlafplätze, Winterraum 15 Plätze (mit AV-Schlüssel zugänglich), Tel. A-0664/3203676.

Abstiegsmöglichkeit: In ca. 1¾ Std. auf guten Bergwegen durchs Wildental hinab nach Bödmen und evtl. weiter nach Mittelberg. Mit Bus zurück zur Söllereckbahn.

Der beliebteste Ausgangspunkt für die große Durchquerung der Allgäuer Alpen ist die Bergstation der Kanzelwandbahn. So spart man sich einen längeren Hüttenanstieg und genießt schon zum Auftakt eine Höhenwanderung mit sehr eindrucksvollen Ausblicken. Eine reizvolle Alternative dazu bietet die Überschreitung des Schüssers (auf der Karte unglücklich als Hammerspitze bezeichnet), die vor allem beim Begehen des schrofigen Nordostgrates sehr spannend ist, dann aber einen wirklich trittsicheren und erfahrenen Bergwanderer erfordert. Diese beiden Touren sind auch – mit einem Abstieg durchs Wildental – für sich sehr beliebt und lohnend. (→ Karte, S. 19)

Zugang über Kühgund: Von der Bergstation kurz in einen weiten Sattel hinab, dann steigt man am Gegenhang empor und kommt nach rechts in eine Gratlücke (2025 m). Von dort lohnender Abstecher von wenigen Minuten auf steinigem Pfad auf die Kanzelwand (2059 m). Von der Lücke geht es über erst steile, dann bequemere Hänge in den Rossgund (1690 m) hinab, dann nach rechts und schräg durch die Hänge empor zur Geländeschwelle bei der Kühgundalpe. Der Weiterweg: durch eine reizvolle, von Wänden begleiteten Hochmulde sanft empor, dann links über eine steile Stufe und über letzte Hänge zur Hütte (2065 m) oberhalb des Fiderepasses.

Überschreitung des Schüsser: Entweder vom erwähnten weiten Sattel kurz nach Süden hinab und in einem weiten Bogen in das gegenüberliegende Kuhgehrenjoch. Dort biegt man nach links ab, steigt über die Hänge

Gipfelanstieg auf die Kanzelwand.

meist im Gras zum Massiv empor, quert dann nach links einen Bacheinschnitt mit einigen Schrofen und erreicht über die Halden im Zickzack den
Nordostgrat und auf ihm den Gipfel des Schüsser (2170 m).
Oder – viel spannender, aber auch deutlich schwieriger – aus der Lücke
nahe der Kanzelwand (siehe dort) immer auf dem Grat über einen mächtigen Zwischenkopf nach Südwesten in die tiefste Scharte (1972 m) am Fuß
des Nordostgrates. Auf die Steigspuren achtend immer nahe der Schrofen-
schneide zu einem kleinen Absatz hinter einem Felszacken etwa in Gratmitte. Dort nicht – wozu einen ein Weglein verführen möchte – in die rechte
Flanke, sondern über die Schneide (I) empor zu ein paar Latschen, dann
links in der Flanke an einer Lücke vorbei und danach steil wieder auf den
Grat (I). Nun viel einfacher weiter zum Gipfelkreuz.
Über den Südwestgrat und dessen Fortsetzung steigt man dann zur Wannenalpe (1821 m) ab. Dort geht es nach links, auf dem oberen Steig unter
den Hammerspitz-Felsen schräg aufwärts, dann über eine Stufe und
schließlich zur Hütte (2065 m) über dem Fiderepass.

3 Fiderepass – Fiderescharte – Krumbacher Höhenweg – Mindelheimer Hütte

Die aussichtsreiche Alternative zum Mindelheimer Klettersteig

Ausgangspunkt: Fiderepasshütte (2065 m) des DAV, Zugänge auf unseren Touren 1 und 2 oder Aufstieg von Mittelberg-Bödmen durchs Wildental in 2¾ Std.
Gehzeiten: Fiderepasshütte – Fiderescharte gut ½ Std., Fiderescharte – Mindelheimer Hütte 2 Std.; Gesamtzeit 2½ Std. Oder direkte Variante von der Kanzelwandbahn: Bergstation – Mindelheimer Hütte 4¼ Std.
Anforderungen: Gut angelegter Höhenweg mit einigen steilen Passagen, etwas Trittsicherheit angebracht.
Höhenunterschiede: 340 Hm im Auf- und Abstieg auf dem Krumbacher Höhenweg. Variante ab Kanzelwand 630 Hm im Aufstieg, 520 Hm im Abstieg.

Höchster Punkt: Fiderescharte (2199 m).
Stützpunkte: Fiderepasshütte (2065 m), DAV, Sektion Oberstdorf. bew. Ende Mai bis Mitte Oktober, 110 Schlafplätze, Winterraum mit 15 Plätzen (mit AV-Schlüssel zugängig), Tel. 0664/3203676. Mindelheimer Hütte (2058 m), DAV, Sektion Mindelheim, bew. Mitte Juni bis Mitte Oktober, 150 Schlafplätze, Winterraum mit 12 Plätzen (mit AV-Schlüssel zugängig), Tel. 08378/7237, Fax 7238 oder Tel. 08322/700153.
Abstiegsmöglichkeit: Von der Mindelheimer Hütte in die nahe Kemptnerscharte, über zwei Steilstufen ins Wildental hinab und talaus nach Bödmen und Mittelberg, etwa 2 Std. Buslinie nach Riezlern.

Weg zur Fiderepasshütte mit Saubuckelkopf.

Bevor 1975 der Mindelheimer Klettersteig (→ Tour 4) eröffnet wurde, war man bei einem Übergang vom Fiderepass zur Mindelheimer Hütte auf den Steig angewiesen, der die Südseite der Schafalpenköpfe quert. Diese Möglichkeit ist zu Unrecht etwas in Vergessenheit geraten. Der Krumbacher Höhenweg, der 700 m über dem Rappenalptal durch völlig freies Gelände führt, bietet einen echten Panoramaweg mit hindernislosem Blick etwa auf Biberkopf und Mädelegabel.

Auch als Rundtour für sich alleine kann die Strecke Kanzelwandbahn – Krumbacher Weg – Mindelheimer Hütte – Kleinwalsertal jedem Bergwanderer mit einiger Kondition empfohlen werden. Für ihn bietet sich ab Kühgund eine Variante an, die hier kurz beschrieben wird.

Mindelheimer Hütte.

Krumbach ist ein Städtchen in Bayerisch-Schwaben nahe Mindelheim mit eigener AV-Sektion – deshalb dieser Name. (→ Karte, S. 19)

Krumbacher Höhenweg: Von der Fiderepasshütte geht es hinab in den nahen Pass (2033 m) und gegenüber über die Geröllhalde kurz empor, dann weit nach links und über eine Trümmermulde in die schmale, auffallend von Zacken flankierte Fiderescharte (2199 m), die nach Süden steil abbricht. Kurz folgt man dem Grat. Bevor der Mindelheimer Klettersteig beginnt, steigt man jedoch nach Süden steil ab ins Saubuckelkar und noch etwas tiefer auf einen kleinen Boden. Nun führt der Pfad mehr nach rechts in die Hänge, um den Fuß des Grates zu umrunden, der vom Höchsten Schafalpenkopf herabkommt.

Man trifft auf einen quer laufenden Weg (er führt von Birgsau über den Guggersee hierher). Auf ihm lange Querung durch zum Teil sehr steile Hänge – unter den Zacken der Schafalpenköpfe und hoch über dem Rappenalptal – und schließlich wieder aufwärts zur sehr schön gelegenen Mindelheimer Hütte (2058 m).

Alternative für die von der Kanzelwand Kommenden: Bei der Kühgundalpe (→ Tour 2) halb links über den Boden, dann durch eine von Felsen eingefasste Hochmulde bis zu einer Schulter empor, schräg durch den folgenden Hang auf einen Grat (2060 m) und drüben hinab ins Saubuckelkar. Weiter auf dem Krumbacher Höhenweg.

4 Fiderepasshütte – Mindelheimer Klettersteig (Schafalpenköpfe) – Mindelheimer Hütte

Sehr beliebter und bekannter Eisenweg über vier Gipfel

Die drei Schafalpenköpfe (Mindelheimer Klettersteig) von Norden.

Ausgangspunkt: Fiderepasshütte (2065 m) des DAV, Zugänge auf Tour 1 und 2 oder Aufstieg von Mittelberg-Bödmen durch das Wildental in 2¾ Std.

Gehzeiten: Fiderepasshütte – Höchster Schafalpenkopf 1 Std., Höchster Schafalpenkopf – Mindelheimer Hütte 2½ Std.; Gesamtzeit 3½ Std.

Anforderungen: Gut angelegter und gesicherter Klettersteig mittlerer Schwierigkeiten mit vielen kurzen, spannenden Passagen. Klettersteig-Erfahrung nötig.

Höhenunterschiede: 300 Hm auf den Höchsten Schafalpenkopf, insgesamt gut 600 Hm im Auf- und Abstieg.

Höchster Punkt: Höchster Schafalpenkopf (2320 m).

Stützpunkte: Fiderepasshütte (2065 m), DAV, Sektion Oberstdorf, bew. Ende Mai bis Mitte Oktober, 110 Schlafplätze, Winterraum mit 15 Plätzen (mit AV-Schlüssel zugängig), Tel. 0664/3203676. Mindelheimer Hütte (2058 m), DAV, Sektion Mindelheim, bew. Mitte Juni bis Mitte Oktober, 150 Schlafplätze, Winterraum mit 12 Plätzen (mit AV-Schlüssel zugängig), Tel. 08378/7237, Fax 7238 oder Tel. 08322/700153.

Abstiegsmöglichkeit: Von der Mindelheimer Hütte in die nahe Kemptnerscharte, von dort über zwei Steilstufen ins Wildental hinab und talaus nach Bödmen und Mittelberg, etwa 2 Std. Buslinie zurück nach Riezlern.

Vor 1975 gehörten die drei Schafalpenköpfe zu den kaum beachteten Bergen, obwohl sie mit ihren ungewöhnlich wuchtigen, kantigen Formen als Hintergrund des Wildentals durchaus ins Auge fallen. Seinerzeit gab es mehr Schafe und Gemsen als Bergsteiger auf den Gipfeln. Mit dem Bau des Mindelheimer Klettersteigs sind sie dann schlagartig aus dem Dornröschenschlaf geweckt worden. Dieser Eisenweg gehört zum Interessantesten und Lohnendsten seiner Art, eine bestens gesicherte Anlage mittlerer Schwierigkeit mit vielen kleineren und etwas längeren Felspassagen, aber keinen wirklich beängstigend steilen oder ausgesetzten Stellen. Man folgt weitgehend dem Grat, ist dadurch vor Steinschlag fast sicher, und überschreitet nicht weniger als vier selbstständige Gipfel. (→ Karte, S. 19)

Mindelheimer Klettersteig: Von der Hütte geht es hinab in den nahen Fiderepass und gegenüber über die Geröllhalde kurz empor, dann schräg nach links und durch eine Trümmermulde in die schmale, auffallend von Zacken flankierte Fiderescharte (2199 m), die nach Süden steil abbricht. Auf und knapp neben dem Grat gelangt man an den hohen, breiten Gipfelaufbau des Höchsten Schafalpenkopfes (2320 m), der in der Flanke mit einer Reihe von Sicherungen überwunden wird.

Beim folgenden Abschnitt sind eine Leiter, eine luftige Metallbrücke und eine fast senkrechte Felsstufe, über die eine Reihe von Klammern in die tiefste Scharte (2180 m) hinabführt, das Auffallendste. Nach der Scharte geht es wieder aufwärts über schönen, plattigen Fels mit einer ausgesetzten Querung zum Gipfelgrat, der aus kleinen Türmchen besteht (die man teilweise rechts umgeht). Über ihn auf den Mittleren Schafalpenkopf (2301 m). Links der Kante bequemer Abstieg bis zu einem Abbruch. In der linken Flanke folgt man erst einem Steig, dann turnt man mit Hilfe von ein

paar Stiften über Fels in die zweite tiefe Scharte (2170 m) hinab. Meist in der rechten Flanke über Bänder, kleine Stufen und durch einen engen Schlupf, am Schluss dann auf der anderen Gratseite führt der Klettersteig zum Gipfel des Südlichen Schafalpenkopfes (2272 m). Schließlich über dessen Südgrat mit noch einer spannenden Klettersteig-Passage in eine dritte Lücke (2110 m), Gegenanstieg auf das Kemptnerköpfle (2191 m), hinab in die gleichnamige Scharte (2108 m) und nach links zur nahen Mindelheimer Hütte.

Auf dem Mindelheimer Klettersteig an den Schafalpenköpfen.

5 Mindelheimer Hütte – Mutzentobel – Rappenseehütte

Rund um das innerste Rappenalptal ins Herz der Allgäuer Alpen

Ausgangspunkt: Mindelheimer Hütte (2058 m) des DAV. Zugang auf Höhenwegen (→ Tour 3 und 4). Üblicher Anstieg von Mittelberg im Kleinwalsertal über Schwendle, durchs Wildental und über die Kemptnerscharte (2108 m) zur sehr schön gelegenen Hütte (3 Std.).
Gehzeiten: Mindelheimer Hütte – Biberalpe 2½ Std.; Biberalpe – Rappenseehütte 1½ Std.; Gesamtzeit 4 Std. Rappenseekopf-Rundtour 2½ Std.
Anforderungen: Bergwege in durchgehend stark bewachsenem Gelände, deshalb bei Nässe rutschig, im Mutzentobel etwas Trittsicherheit nötig.
Höhenunterschiede: Mit Gegenansteigen 700 Hm im Aufstieg, 670 Hm im Abstieg. Um den Rappenseekopf 480 Hm im Auf- und Abstieg.
Höchster Punkt: Rappenseehütte (2091 m). Evtl. Rappenseekopf (2467 m).
Stützpunkte: Mindelheimer Hütte (2058 m), DAV, Sektion Mindelheim, bew. Mitte Juni bis Mitte Oktober, 150 Schlafplätze, Winterraum mit 12 Plätzen (mit AV-Schlüssel zugängig), Tel. 08378/7237, Fax 7238 oder Tel. 08322/700153.
Rappenseehütte (2091 m), DAV, Sektion Allgäu-Kempten, bew. Mitte Juni bis Mitte Oktober, 342 Schlafplätze, Winterraum mit 30 Plätzen (offen), Tel. 08322/700155, Fax 0171/2631250.
Abstiegsmöglichkeit: Von der Rappenseehütte an der Enzianhütte vorbei ins Tal der Stillach und talaus in die Birgsau (2½ Std., ab Birgsau Buslinie).

Im Vergleich zu den anderen Etappen bei der großen Durchquerung der Allgäuer Alpen ist die Wanderung von der Mindelheimer Hütte zur Rappensee-

Blick von der Biberalpe über den Grüner zu Karhorn und Braunarlspitze.

hütte weniger spektakulär. Hier hat vor allem der Blumenfreund seinen Spaß, denn die Vegetation ist auffallend üppig und die Flora sehr artenreich. Das liegt an den unterschiedlichen Gesteinsarten vom Hauptdolomit mit seinem recht kargen Boden bis zu den Fleckenmergeln, die den Pflanzenwuchs besonders begünstigen. Wer nach dieser mittellangen Tour noch überschüssige Kräfte hat, überschreitet als »Nachspeise« den Rappenseekopf, um anschließend den Sonnenuntergang am berühmten Rappensee (2047 m) zu erleben. (→ Karte S. 28/29)

Rappensee und Rappenköpfle.

Der Höhenweg: Von der Mindelheimer Hütte führt der Steig immer nach Süden über das bewachsene Gelände schräg abwärts – wobei die Hänge zwischendurch sehr steil sind – und hinein zum Haldenwangerbach (1522 m, tiefste Stelle) im innersten Rappenalptal. Drüben geht es wieder empor durch ebenfalls sehr steiles, sogar felsdurchsetztes Gelände in den Schrofenpass (1687 m), einen historischen Übergang. Diesseits bleibend in weitem Bogen im Norden um den Grüner in eine Wiesenmulde mit Bach und Tümpel. Hier nach links (Osten) abbiegen, zur Schulter über der Schlosswand aufsteigen und über die Böden der Biberalpe unter der Biberkopf-Nordwand zum Sattel am Mutzenkopf wandern. Etwas abwärts erreicht man den Mutzentobel mit seinen sehr steilen, schwarzen Schieferhängen (bei schlechten Verhältnissen Trittsicherheit nötig). Dann quert der Steig die von Bachrunsen zerfurchten Hänge des Rappenköpfles und steigt schließlich über Weideflächen zur stattlichen Rappenseehütte (2091 m) hinauf.

Nachmittagstour über den Rappenseekopf (2467 m): Von der Rappenseehütte hinab bis über den nahen See und über dessen Ostufer auf kleinem Steig durch eine Geröllmulde hinauf in die Rappenseescharte (2272 m). Auf dem Grat – über Gras und Geröll – führt der kleine Steig auf den weiträumigen Gipfel. Direkt links neben der Kante geht es steinig, aber ohne Schwierigkeiten nach Westen abwärts zur ersten Hochrappenscharte und über einen Minikopf weiter in den zweiten Einschnitt (2324 m) direkt vor dem Hochrappenkopf. Nach Norden erreicht man ein kleines Kar, dann führt der Rückweg schräg rechts durch die steinigen Hänge zurück zu See und Hütte.

6 Rappenseehütte – Hohes Licht, 2651 m – Heilbronner Weg (oder Hochalptal)

Zweithöchster Allgäuberg als »Seitensprung« oder als eigene Bergtour

Ausgangspunkt: Rappenseehütte (2091 m) des DAV. Übergang von der Mindelheimer Hütte (→ Tour 5). Bei der Einzeltour Hohes Licht Start in Lechleiten (Gebiet Warth), Aufstieg über die Obere Biberalpe und den Mutzentobel zur Hütte.

Gehzeiten: Rappenseehütte – Hohes Licht 2 Std., Hohes Licht – Rappenseehütte 1½; Gesamtzeit 3½ Std.
Einzeltour: Lechleiten – Rappenseehütte 2½ Std., Rappenseehütte – Hohes Licht 2 Std., Abstieg durchs Hochalptal 2½ Std.; Gesamtzeit 7 Std.

Anforderungen: Bergwege bis zum Beginn der Felsen, dann steiniger Steig in schrofiger Flanke, Trittsicherheit nötig, Abstieg durchs Hochalptal auf kleinen, stillen Pfaden.

Höhenunterschiede: Von der Hütte zum Hohen Licht 570 Hm im Aufstieg.
Bei der Einzeltour von Lechleiten insgesamt 1220 Hm im Auf- und Abstieg.

Höchster Punkt: Hohes Licht (2651 m).

Stützpunkt: Rappenseehütte (2091 m), DAV, Sektion Allgäu-Kempten, bew. Mitte Juni bis Mitte Oktober, 342 Schlafplätze, Winterraum mit 30 Plätzen (offen), Tel. 08322/700155, Fax 0171/2631250.

Der zweithöchste Gipfel der gesamten Allgäuer Alpen darf in unserem Band natürlich nicht fehlen. Dieser mächtige Berg mit hohen Wänden gegen Südosten und einer geröllbepackten Nordwestflanke ist vom Hauptkamm gegen das Lechtal vorgeschoben und liegt deshalb ganz auf Tiroler Boden.

Westflanke des Hohen Lichts (Aufstiegsseite).

Bockkarkopf und Mädelegabel vom Hohen Licht.

Eine einzige zusätzliche Stunde würde dem Begeher des Heilbronner Weges reichen, um diesem überragenden Gipfel einen Besuch abzustatten. Doch die meisten scheuen die zusätzliche Anstrengung. Deshalb wird an dieser Stelle das Hohe Licht auch als Tour für sich alleine beschrieben. Man sollte dann einmal vom Üblichen abweichen, ins Lechtal fahren und die Rundtour von dieser Seite angehen – landschaftlich ist dies sogar deutlich eindrucksvoller. Außerdem bietet sich dann auch eine Kombination mit dem Biberkopf (Tour 31) an, und zwar auf der Route Lechleiten – Biberkopf – Hochrappenscharte – Rappenseehütte – Hohes Licht – Hochalptal. (→ Karte S. 28/29)

Auf das Hohe Licht (2651 m): Man folgt dem Heilbronner Weg von der Rappenseehütte nach Osten über Hänge und durch ein kleines Kar in die Große Steinscharte (2262 m) und dann quer über das Wieslekar an den Bergfuß gegenüber. Über eine Halde steigt man zu den Felsen an und kommt durch eine Rinne (Drahtseil) zur Wegverzweigung. Nun geht es rechts über abschüssige Bänder und auf steinigen Flächen in der Felsflanke immer schräg aufwärts zum Südwestgrat, dann meist etwas rechts der Kante über Geröll und Felsplatten noch ein gutes Stück bis auf den Gipfel.

Abstieg durchs Hochalptal: Auf der gleichen Route zurück bis vor die Große Steinscharte. Nun nach Süden abbiegen und durch das gesamte Wieslekar und über eine Steilstufe ins Hochalptal, ein typisches V-Tal, absteigen. Man folgt der Talsohle einen Kilometer, dann geht es durch die Hänge auf der rechten Seite teilweise zwischen Latschen weit hinüber zum Rand des Steinletals. Quer über diesen Einschnitt, dann in lichtem Wald zur alten Straße Steeg – Warth hinab. Nach rechts sanft aufwärts zur neuen Straße (Bus bei der Abzweigung ins Bockbachgebiet).

Im Hochalptal, hinten Grießtalerspitze.

7   Rappenseehütte – Heilbronner Weg – Steinschartenkopf, 2615 m – Waltenbergerhaus

Der bekannteste Höhenweg überhaupt

Waltenbergerhaus und Alpgundkopf.

Ausgangspunkt: Rappenseehütte (2091 m) des DAV. Übergang von der Mindelheimer Hütte (→ Tour 5). Zugang von Norden aus dem Tal der Stillach, das man von Oberstdorf mit Pkw oder Bus erreicht, über die Enzianhütte in 4 Std.

Gehzeiten: Rappenseehütte – Steinschartenkopf 1¾ Std., Steinschartenkopf – Waltenbergerhaus 2¼ Std.; Gesamtzeit 4 Std.

Anforderungen: Dieser ungewöhnliche Hüttenübergang, den man eigentlich nicht als Klettersteig bezeichnen sollte, ist an den Felsstellen gut gesichert, erfordert aber doch Trittsicherheit und alpine Erfahrung. Sehr stark begangen, was zu »Staus« führt.

Höhenunterschiede: Insgesamt 750 Hm im Auf- und Abstieg.

Höchste Punkte: Steinschartenkopf (2615 m), Bockkarkopf (2608 m).

Stützpunkte: Rappenseehütte (2091 m), DAV, Sektion Allgäu-Kempten, bew. Mitte Juni bis Mitte Oktober, 342 Schlafplätze, Winterraum mit 30 Plätzen (offen), Tel. 08322/700155, Fax 0171/2631250. Waltenbergerhaus (2084 m), DAV, Sektion Allgäu-Immenstadt, bew. Mitte Juni bis Anfang Oktober, 71 Schlafplätze, Winterraum 8 Plätze (offen), Tel. 08322/700156.

Abstiegsmöglichkeit: Vom Waltenbergerhaus auf dem üblichen Hüttenweg durchs Bacherloch nach Einödsbach und Birgsau (reichlich 2 Std., Buslinie nach Oberstdorf).

Bereits 1899 wurde dieser spektakuläre Weg eröffnet. Es war etwas umwälzend Neues, dass eine Route von Hütte zu Hütte nicht mehr der einfachsten Möglichkeit folgte, sondern auf einer besonders spannenden Linie über zwei große Gipfel im Allgäuer Hauptkamm verlief. Seitdem ist der Heilbronner Weg wohl der meistbegangene Steig dieser Art überhaupt. Das hat leider auch seine Schattenseiten: So kann es etwa an der bekannten und so viel fotografierten Leiter am Steinschartenkopf regelrechte Staus geben. Das relativ wenig bekannte Waltenbergerhaus thront auf kleinem Vorsprung inmitten einer eindrucksvoll steilen Landschaft. (→ Karte S. 28/29)

Heilbronner Weg: Von der Rappenseehütte geht es nach Osten über Hänge und durch ein kleines Kar in die Große Steinscharte (2262 m), dann quer über das Wieslekar an den Bergfuß gegenüber und über die Halde zu den Felsen und zu einer Wegverzweigung (rechts Hohes Licht, Tour 6). Links durch das Felsen- und Schrofengelände, dabei durch einen schmalen Spalt, Heilbronner Törl genannt, und über einige Platten in die Kleine Steinscharte (2541 m). Längs des Grates und schließlich über eine Leiter erreicht man den Steinschartenkopf (2615 m). Dann steigt man über den Grat und einen steinigen Hang ab, quert rechts am Wilden Mann vorbei und erreicht die Socktalscharte (2446 m, Abstiegsmöglichkeit durchs Hintere Bockkar zum Waltenbergerhaus, 40 Minuten). Weiter folgt man dem lang gestreckten, meist ganz ausgeprägten Grat auf Geröll und Fels zum Bockkarkopf (2608 m). Der Steig führt über dessen Nordostgrat abwärts und erreicht dann mit etwas Auf und Ab über zwei Köpfe und auf einem Band unter auffallenden Überhängen die Bockkarscharte (2504 m).

Zum Waltenbergerhaus: Von der Scharte über einige Schrofen (Drahtseil), dann auf Geröll ins Vordere Bockkar absteigen und an dessen rechter Seite in Kehren hinab zum schön gelegenen Waltenbergerhaus (2084 m).

Achtung – Weiterweg: Wer den Heilbronner Weg bis zur Kemptner Hütte begehen will, lässt üblicherweise den Abstecher zum Waltenbergerhaus »links liegen« und wandert von der Bockkarscharte direkt weiter wie bei Tour 8. Gesamtgehzeit direkt von der Rappenseehütte zur Kemptner Hütte 5½ Stunden.

Von rechts: Hochfrottspitze, Mädelegabel, Trettachspitze, Großer Krottenkopf, Öfner- und Krottenspitze.

8 Waltenbergerhaus – Heilbronner Weg – Mädelegabel, 2645 m – Kemptner Hütte

Berühmter Gipfel und Fortsetzung des Heilbronner Wegs

Ausgangspunkt: Waltenbergerhaus (2084 m) des DAV. Zugang von der Rappenseehütte (→ Tour 7), aus dem Tal siehe rechts.

Gehzeiten: Waltenbergerhaus – Mädelegabel 2½ Std., Mädelegabel – Kemptner Hütte 2 Std.; Gesamtzeit 4½ Std. Direkt von Hütte zu Hütte 3½ Std. Einzeltour: Stillachtal – Waltenbergerhaus 4 Std., Waltenbergerhaus – Mädelegabel 2½ Std., Mädelegabel – Kemptner Hütte 2 Std., Kemptner Hütte – Renksteg 3 Std.; Gesamtzeit 11½ Std.

Anforderungen: Bergwege in oft steinigem Gelände, Schneefelder, Trittsicherheit nötig. Gipfelgrat der Mädelegabel Kletterei (I) in gutem Fels, keine Sicherungen, aber auch kaum ausgesetzt.

Höhenunterschiede: Auf die Mädelegabel 600 Hm im Aufstieg, nur von Hütte zu Hütte 440 Hm im Aufstieg, 680 Hm im Abstieg. Bei der Einzeltour 1800 Hm im Auf- und Abstieg.

Höchster Punkt: Mädelegabel (2645 m), bzw. Bockkarscharte (2504 m).

Stützpunkte: Waltenbergerhaus (2084 m), DAV, Sektion Allgäu-Immenstadt, bew. Mitte Juni bis Anfang Oktober, 71 Schlafplätze, Winterraum mit 8 Plätzen (offen), Tel. 08322/700156.
Kemptner Hütte (1844 m), DAV, Sektion

Schwarzmilzferner am Heilbronner Weg.

Allgäu-Kempten, bew. Mitte Juni bis Mitte Oktober, 285 Schlafplätze, Winterraum mit 26 Plätzen (offen), Tel. 08322/700152, Fax 0170/2390857.

Abstiegsmöglichkeit: Von der Kemptner Hütte durch den Sperrbachtobel ins Tal der Trettach und hinaus nach Oberstdorf bzw. zum Renksteg südlich von Oberstdorf (Buslinie), etwa 3 Std.

Die Mädelegabel ist zwar nur der vierthöchste Gipfel der Allgäuer Alpen, doch in breiten Kreisen mit Abstand der bekannteste. Dabei zeigt dieser massige Felsberg weder besonders elegante Formen, noch steht er an auffälliger Stelle; aus dem Tal gesehen stiehlt ihm die Trettachspitze die »Schau«. Vielleicht verhalf ihm der ungewöhnliche Name zur Popularität, der aber nichts mit einem Mädel zu tun hat, sondern aus der Verkleinerungsform von einem Mähder, also einer Mähwiese, entstand. Man kann den Gipfel bei einer eigenen, sehr abwechslungsreichen Rundtour von eineinhalb Tagen besteigen oder ihn als besonderes Schmankerl bei der Begehung des Heilbronner Wegs besuchen, falls man noch über die nötigen Kräfte verfügt. (→ Karte S. 28/29)

Zugang Waltenbergerhaus: Von Oberstdorf mit Bus oder Pkw ins Tal der Stillach (904 m). Von dort wandert man zu Fuß durch die Birgsau nach Einödsbach, biegt links ab und steigt weit empor durch das wild eingeschnittene Bacherloch, um schließlich über die Hänge mit einer Felsstufe das Waltenbergerhaus zu erreichen.

Aufstieg zur Mädelegabel (2645 m): Vom Waltenbergerhaus geht es hinein ins Vordere Bockkar und auf dessen linker Seite über Gras und viel Geröll zu den Felsen empor. In dem plattig-brüchigen Gestein erreicht man mit Hilfe von Drahtseilen eine Minilücke gleich oberhalb des tiefsten Einschnitts an der Bockkarscharte (2504 m), wo man auf den Heilbronner Weg trifft. Auf ihm links hinüber zu einer Schulter und am Rand des Schwarzmilzfernerchens bis unter den Ostgrat der Mädelegabel. Nach Norden gelangt man über Schutt auf die Ostgrat-Schulter und folgt den Wegspuren auf dem breiten Rücken über meist festen Fels in schöner, einfacher Kletterei bis zum Gipfel.

Zur Kemptner Hütte: Vom Felsfuß am Rand des Schwarzmilzferners wandert man nach Osten durch eine Mulde hinab, dann über die auffallenden Böden der Schwarzen Milz zum Kratzersattel mit Rückblick auf die wilde Trettachspitze. Der Weiterweg: südlich unter dem Kratzer hindurch, ein Stück auf dem Kamm tiefer, dann links hinab zur Kemptner Hütte (1844 m).

Am Heilbronner Weg. Von links: Hochfrottspitze, Mädelegabel und Trettachspitze.

9 Kemptner Hütte – Großer Krottenkopf, 2657 m – Kemptner Hütte

Abstecher zum Allgäuer Hauptgipfel

Ausgangspunkt: Kemptner Hütte (1844 m) des DAV. Zugang auf dem Heilbronner Weg (→ Tour 7 und 8) oder Aufstieg vom Renksteg (südlich von Oberstdorf, Buslinie) durchs Tal der Trettach nach Spielmannsau und durch den Sperrbachtobel zur Hütte, 4 Std.

Gehzeiten: Kemptner Hütte – Großer Krottenkopf 3 Std., Großer Krottenkopf – Kemptner Hütte 1¾ Std.; Gesamtzeit knapp 5 Std.

Anforderungen: Bergwege in hochalpiner Umgebung mit Gras und Geröll, bis zur Scharte relativ einfach, dann steil und teilweise geröllreiche Platten, Trittsicherheit notwendig.

Höhenunterschiede: Ins Obere Mädelejoch 190 Hm, insgesamt 850 Hm im Auf- und Abstieg.

Höchster Punkt: Großer Krottenkopf (2657 m).

Stützpunkt: Kemptner Hütte (1844 m), DAV, Sektion Allgäu-Kempten, auf grünen Böden am Fuß des Kratzers gelegen, bew. Mitte Juni bis Mitte Oktober, 285 Schlafplätze, Winterraum mit 26 Plätzen (offen), Tel. 08322/700152, Fax 0170/ 2390857.

Abstiegsmöglichkeit: Durch den Sperrbachtobel und das lang gestreckte Trettachtal zum Renksteg oder nach Oberstdorf (3 Std.).

Ausgerechnet den Hauptgipfel der gesamten Allgäuer Alpen kennen relativ wenige, und – im Verhältnis zu seiner Bedeutung – wird er auch nicht allzu oft bestiegen. Dieser große Felsberg, den man dank seiner abgerundeten Form und der auffallenden Bänderung der mächtigen Wände nicht verwechseln kann, ist aus dem Allgäuer Hauptkamm gegen Süden vorgerückt und steht also ganz auf Tiroler Boden; er bietet zudem einen besonders schönen Blick auf die gewaltigen Gipfel der nahen Lechtaler Alpen. Der Begeher des großen Höhenwegs durch die Allgäuer sollte diesem Abstecher einen Tag widmen! Wer nur den Krottenkopf besteigen will, kann unsere Route über die Kemptner Hütte einschlagen oder – interessanter – eine Rundtour im Lechtal beginnen (→ Tour 29). Laut Heinz Groth leitet sich der Name unseres Berges von Grotte her, doch bei der runden Form könnte auch eine Kröte Pate gestanden haben. (→ Karte S. 28/29)

Aufstieg zum Krottenkopf (2657 m): Von der Kemptner Hütte wandert man auf dem großen Weg nach Süden, hält sich bei der ersten Verzweigung links, bei der zweiten rechts und steigt in die weite Einsattelung des Oberen Mädelejochs (2033 m, Grenze) empor. Jenseits auf dem unteren Steig etwas abwärts, dann Querung unter den Felsen und unter steilen Geröllhängen, die in die bis zu 550 m hohen, auffallend gebänderten Westabbrüche des Krottenkopfs übergehen, bis zu einem Wegkreuz. Von hier steigt man auf dem linken Pfad, also nach Osten, durch das von Wänden eingefasste Hochkar und über eine steile Stufe meist auf Schutt in die Krottenkopfscharte (2359 m; überraschender Blick nach Südosten) empor. In

Aufstiegsseite des Großen Krottenkopfs.

dem folgenden, sehr steinigen Gelände gibt es teilweise nur Wegspuren, die fast immer etwas links des Gratkante noch weit emporführen. Schließlich erreicht man über Schrofen und geröllbepackte Platten den Gipfel. Rückweg auf der gleichen Route zur Kemptner Hütte.

Muttlerkopf (2368 m), ein lohnendes Zusatzziel: Auf der Südseite des Oberen Mädelejochs auf dem linken Steig schräg aufwärts an den Rand des Öfnerkars. Von dort in Serpentinen über die recht steile Grashalde auf den abgerundeten Gipfel (50 Minuten ab Joch, einfach).

10 Kemptner Hütte – Rauheck, 2384 m – Himmelecksattel – Prinz-Luitpold-Haus

Besonders langer und sehr aussichtsreicher Höhenweg

Ausgangspunkt: Kemptner Hütte (1844 m) des DAV. Zugang auf dem Heilbronner Weg (→ Tour 7 und 8) oder Aufstieg vom Renksteg (südlich von Oberstdorf) durchs Tal der Trettach nach Spielmannsau und durch den Sperrbachtobel zur Hütte, 4 Std.

Gehzeiten: Kemptner Hütte – Rauheck reichlich 3½ Std., Rauheck – Himmelecksattel 3 Std., Himmelecksattel – Prinz-Luitpold-Haus 2 Std.; Gesamtzeit 8½-9 Std.

Anforderungen: Bergwege ohne gefährliche Stellen, jedoch in großer Höhe, bei Nässe zudem recht rutschige Bereiche. Ungewöhnlich weiter Übergang (es gibt jedoch Möglichkeiten, die Tour abzubrechen). Nur bei zuverlässigem Wetter!

Höhenunterschiede: Mit Zwischenanstiegen 830 Hm bis aufs Rauheck, von der Käseralpe zum Prinz-Luitpold-Haus 600 Hm. Insgesamt also 1430 Hm im Auf- und Abstieg!

Höchste Punkte: Rauheck (2384 m), Kreuzeck (2376 m).

Stützpunkte: Kemptner Hütte (1844 m), DAV, auf grünen Böden am Fuß des Kratzers gelegen, Sektion Allgäu-Kempten, bew. Mitte Juni bis Mitte Oktober, 285 Schlafplätze, Winterraum mit 26 Plätzen (offen), Tel. 08322/700152, Fax 0170/2390857. Prinz-Luitpold-Haus (1846 m), DAV, Sektion Allgäu-Immenstadt, bew. Anfang Juni bis Mitte Oktober, 280 Schlafplätze, Winterraum mit 16 Plätzen (offen), Tel. 0171/6233417 oder 08322/700154.

Abstiegsmöglichkeit: Vom Prinz-Luitpold-Haus auf breitem Bergweg hinab ins Bärgündele und hinaus zum Giebelhaus (gut 1½ Std.), von dort mit dem Bus nach Hinterstein.

Prinz-Luitpold-Haus, im Hintergrund der Schneck.

Auf dem Wildenfeld unter dem Kleinen Wilden.

Dieser Höhenweg ist außergewöhnlich lang und durch das häufig wechselnde Auf und Ab auch besonders anstrengend. Da nützt es dann wohl wenig, dass gerade diese Route den Begeher mit einer Fülle eindrucksvollster Bilder verwöhnt. Sicher kann jeder noch den Gang auf dem höchsten Kamm über Kreuz- und Rauheck mit den hindernislosen Ausblicken genießen. Doch später, etwa bei den wilden Felsszenerien mit der bis zu 500 m hohen Westwand des Großen Wilden, wird die rechtschaffene Müdigkeit Freude und Aufnahmefähigkeit schon stark beeinträchtigt haben.

Über den Märzlesattel zum Rauheck (2384 m): Von der Kemptner Hütte in weitem Bogen um den Talkessel und unter dem wilden Zackengrat der Krottenspitzen in den Fürschießersattel (2208 m) und weiter quer durch die Nordflanke in den Märzlesattel (2201 m). Nun immer sehr aussichtsreich auf dem höchsten, oft mit Gras bewachsenen Kamm auf das doppelgipfelige Kreuzeck (2376 m) und über eine deutliche Scharte (2261 m) hinweg zum Rauheck. Über den Nordwestgrat hinab auf eine Schulter mit Wegverzweigung. Hier bester »Fluchtweg«: Über den Grat weiter in den Älpelesattel, links hinab ins Tal und über Gerstruben hinaus ins Oberstdorfer Gebiet (knapp 3 Stunden).

Blick vom Höhenweg auf die Höfats.

Über das Wildenfeld und den Himmelecksattel zum Prinz-Luitpold-Haus: Von der Rauheck-Schulter steil hinab auf einen kleinen Boden mit den malerischen Eisseen und unter den Felsabbrüchen von Jochspitze und Kleinem Wilden abwärts querend zum Wildenfeld (1692 m). Nun wieder aufwärts auf eine Schulter am Mitteleck unter der mächtigen Wilden-Westwand und nach kurzem Abstieg über die Hänge in den Himmelecksattel (2007 m). Drüben ca. 25 Minuten hinab, dann nach rechts quer über die Halde zur tiefsten Stelle (1591 m) und schräg durch die Hänge ein letzter Anstieg, schließlich um den Wiedemer zum Prinz-Luitpold-Haus (1846 m).

11 Prinz-Luitpold-Haus – Hochvogel, 2592 m – Kreuzspitze – Prinz-Luitpold-Haus

Spannende Tour auf einen der Allgäuer Hauptgipfel

Hochvogel (rechts) und Großer Rosszahn von Norden.

Ausgangspunkt: Prinz-Luitpold-Haus (1846 m), das man auf dem Höhenweg (→ Tour 10) oder durch einen Aufstieg vom Giebelhaus (dorthin Buszufahrt von Hinterstein) in 2½ Std. erreicht.
Gehzeiten: Prinz-Luitpold-Haus – Hochvogel 2½ Std., Hochvogel – Kreuzspitze – Prinz-Luitpold-Haus 1¾ Std.; Gesamtzeit 4¼ Std.
Einzeltour: Giebelhaus – Hochvogel 5 Std., Hochvogel – Giebelhaus 3½ Std.; Gesamtzeit 8½ Std.
Anforderungen: Steiganlage, trotzdem Schrofen-Passagen mit Sicherungen, viel Geröll, Trittsicherheit wichtig, im Kalten Winkel ein steiles Firnfeld, das in hartem Zustand unangenehm oder gar unbegehbar werden kann (dann Variante über die Kreuzspitze benützen).
Höhenunterschiede: Insgesamt 850 Hm im Auf- und Abstieg. Vom Giebelhaus 1650 Hm im Auf- und Abstieg.
Höchster Punkt: Hochvogel (2592 m).
Stützpunkt: Prinz-Luitpold-Haus (1846 m), DAV, Sektion Allgäu-Immenstadt, bew. Anfang Juni bis Mitte Oktober, 280 Schlafplätze, Winterraum mit 16 Plätzen (offen), Tel. 0171/6233417 oder 08322/700154.
Abstiegsmöglichkeit: Vom Prinz-Luitpold-Haus auf breitem Bergweg hinab ins Bärgündele und hinaus zum Giebelhaus (1½ Std.). Mit dem Bus nach Hinterstein.

Obwohl der Hochvogel mehr als 200 m über seine Nachbarschaft aufragt – das ist in den Bergen ein gewaltiger Unterschied! – kann man ihn aus dem südlichen Allgäu nirgends sehen. Er steht nämlich in einem nach Südosten vorspringenden Seitenast. Dafür fällt er von allen Gipfeln des Gebirges so richtig ins Auge, die Pyramidenform und die bis zu 650 m hohen Wände machen ihn zudem unverwechselbar. Kein Wunder, dass jeder Bergsteiger einmal auf diesem ebenso bekannten wie auffallenden Gipfel mit seinem schier endlosen Panorama stehen möchte. So sind vor allem auf der Route vom Prinz-Luitpold-Haus zahlreiche Hochvogel-Freunde unterwegs. Spannendste Passage ist das Firnfeld im so genannten Kalten Winkel, einer ziemlich steilen Schneefläche, die im hart gefrorenen oder eisigen Zustand recht ernst oder sogar unpassierbar werden kann. (→ Karte S. 40/41)

Aufstieg vom Prinz-Luitpold-Haus: Von der Hütte gleich quer durch die Hänge über dem Seeli vorbei, dann steigt man in Kehren empor ins Kar und zur Wegverzweigung. Links erreicht man – nun steiler – die Balkenscharte (2172 m), die nach einem glatten Felsturm benannt ist. Jenseits geht es quer durch die Geröllhänge ins Sättele, einer Lücke in einer Felsrippe, von der aus sich der Blick auf den Hochvogel öffnet. Man kommt in den Talhintergrund, den Kalten Winkel, und steigt über ein kräftig geneigtes Firnfeld in die Kaltwinkelscharte (2281 m) am Bergfuß des Hochvogels auf. Überraschender Blick nach Südwesten! Ein Stück höher folgt der Steig dann einem Band (Schnur genannt), das von einer zerborstenen, senkrechten, rostroten Wand überragt wird. So gelangt man an der Hochvogel-Schulter vorbei in die Rinne dahinter. Auf Geröll und über ein paar Schrofen in der Westflanke noch ein gutes Stück empor zum Gipfelgrat und zum Kreuz.

Rückweg: Zurück in die Kaltwinkelscharte und rasch empor auf die Kreuzspitze (2367 m). Mit Hilfe von Sicherungen kurz über den Grat hinab, dann steil über die Geröllhalde in ein schmales Kar (evtl. Schnee), wo man etwas tiefer wieder auf den Aufstiegsweg trifft.

Von links: Hochvogel, Schulter, Kaltwinkelscharte, Kreuzspitze.

12 Prinz-Luitpold-Haus – Schrecksee (Jubiläumsweg) – Rauhhorn, 2240 m – Hinterstein

Stille Höhenwege längs des Grenzkamms

Ausgangspunkt: Prinz-Luitpold-Haus (1846 m), das man auf dem Höhenweg, (→ Tour 10), oder durch einen Aufstieg vom Giebelhaus (dorthin Buszufahrt von Hinterstein) in 2½ Std. erreicht.

Gehzeiten: Prinz-Luitpold-Haus – Bockkarscharte 1 Std., Bockkarscharte – Lahnerscharte 2¼ Std., Lahnerscharte – Rauhhorn 1¾ Std., Rauhhorn – Hinterstein 2½ Std.; Gesamtzeit 7 bis 8 Std., bei Abstieg vom Schrecksee 2 Std. weniger.

Anforderungen: Typische Höhenwege der Allgäuer Alpen mit einigen steinigen und einer steileren Passage (dort Drahtseile). Am Rauhhorn auch Schrofengelände, dort Trittsicherheit unerlässlich. Nur bei zuverlässigem Wetter begehen!

Höhenunterschiede: Bis in die Lahnerscharte 500 Hm, vom Schrecksee auf das Rauhhorn zusätzlich 430 Hm im Aufstieg. Im Abstieg insgesamt 1910 Hm.

Höchster Punkt: Bockkarscharte (2164 m), evtl. Rauhhorn (2240 m).

Stützpunkt: Prinz-Luitpold-Haus (1846 m), DAV, Sektion Allgäu-Immenstadt, bew. Anfang Juni bis Mitte Oktober, 280 Schlafplätze, Winterraum mit 16 Plätzen (offen), Tel. 0171/6233417 oder 08322/700154.

Als Jubiläumsweg wird die Höhenwanderung vom Prinz-Luitpold-Haus ins Gebiet des malerischen, in Matten gebetteten Schrecksees und zum Rauhhorn bezeichnet. Mancher Allgäu-Durchquerer beschließt auf dieser spannenden Route seine Rundtour, andere wandern von der Lahnerscharte wei-

Schänzlespitze über dem Jubiläumsweg.

Oben: Der Schrecksee zwischen Lahnerscharte und Rauhhorn.
Unten: Das Rauhhorn wird von links nach rechts überschritten.

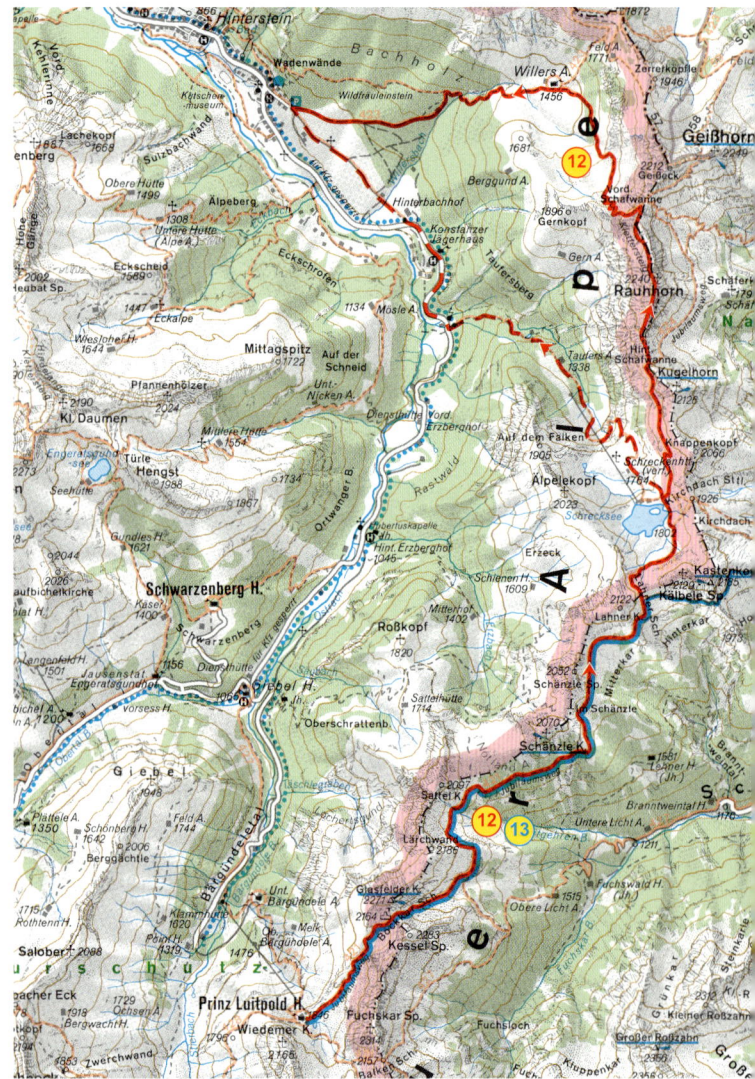

ter zum letzten großen Stützpunkt, der Landsberger Hütte hoch über dem Vilsalpsee (→ Tour 13). Überquert man bei dieser Tour das Rauhhorn, eine auffallende Zackenkrone, dann zieht sich auch dieser Tag ziemlich in die Länge. Müde steigen deshalb vom Schrecksee direkt ins Ostrachtal ab.

Zum Schrecksee: Von der Hütte zum Seeli, nördlich an ihm vorbei und durch ein reizvolles, von Felsen eingefasstes Hochtälchen in eine Grasmulde und über einen Hang in die Bockkarscharte (2164 m). Drüben auf unangenehm steinigem Weg steil hinab, dann nach links auf eine Schulter im Ostrücken der Lärchwand. Quer durch einen üppig bewachsenen Steilhang (Drahtseile), dann bequemer in den Sattel der Notländ. Auch weiterhin immer quer durch die Hänge – interessante Felspassage unter dem Schänzlekopf – weit nach Nordosten, dann wieder aufwärts in die Lahnerscharte (1988 m, Grenze). Auf der Nordseite hinab und nach rechts bis oberhalb des Schrecksees (1813 m). Von dort evtl. auf einfachem aber holperig-steinigem Weg ins Ostrachtal hinab und talaus nach Hinterstein (vom See bis Hinterstein 2½ Std., ab E-Werk auch per Bus).

Auf das Rauhhorn (2240 m): Vom Schrecksee durch die ziemlich steilen Hänge des Kugelhorns ein gutes Stück hinüber in den Sattel der Hinteren Schafwanne (1965 m). Der hier beginnende Südgrat des Rauhhorns fällt nach rechts in Wänden ab, während die andere Gratseite aus steilen Gras-, Schutt- und Schrofenhängen besteht. Das Steiglein hält sich an diese Seite; hin und wieder braucht man die Hände, um kleine Felsstellen zu überwinden (Trittsicherheit nötig, 1½ Stunden ab Schrecksee).

Abstieg: Vom Rauhhorn über den Nordgrat mit einer etwas ausgesetzten, felsigen Stufe (Drahtseil) gleich am Anfang. Dann links der Kante auf dem Steig hinab in den Sattel der Vorderen Schafwanne (2057 m). Nach Nordwesten über steile Grashänge zur bewirtschafteten Willersalpe (1456 m) und auf dem Wanderweg hinab nach Hinterstein (866 m).

13 Prinz-Luitpold-Haus – Lahnerscharte – Landsberger Hütte – Vilsalpsee

Letzte, »übliche« Etappe der Allgäu-Durchquerung

Ausgangspunkt: Prinz-Luitpold-Haus (1846 m), das man auf dem Höhenweg (→ Tour 10) oder durch einen Aufstieg vom Giebelhaus (dorthin Busfahrt von Hinterstein) in 2½ Std. erreicht.

Gehzeiten: Prinz-Luitpold-Haus – Bockkarscharte 1 Std., Bockkarscharte – Lahnerscharte 2¼ Std., Lahnerscharte – Landsberger Hütte 1¾ Std.; Gesamtzeit 5 Std., mit Gipfeltour reichlich 6 Std. Abstieg zum Vilsalpsee 1¼ Std.

Anforderungen: Die typischen Höhenwege der Allgäuer Alpen mit einigen steinigen und zwei steilen Passagen (dort Drahtseile), Trittsicherheit angebracht. Nur bei zuverlässigem Wetter begehen!

Höhenunterschiede: Bis in die Lahnerscharte 500 Hm, insgesamt 650 Hm im Aufstieg. Im Abstieg 690 Hm bis zur Landsberger Hütte, bis zum Vilsalpsee zusätzlich 640 Hm.

Höchste Punkte: Bockkarscharte (2164 m). Evtl. Steinkarspitze (2067 m) und Lachenspitze (2126 m)

Stützpunkte: Prinz-Luitpold-Haus (1846 m), DAV, Sektion Allgäu-Immenstadt, bew. Anfang Juni bis Mitte Oktober, 280 Schlafplätze, Winterraum mit 16 Plätzen (offen),

Kastenkopf und Kälblespitze von Norden.

Tel. 0171/6233417 oder 08322/700154. Landsberger Hütte (1805 m), DAV, Sektion Landsberg, bew. Pfingsten bis Mitte Oktober, 200 Schlafplätze, Winterraum mit 16 Plätzen (offen), Tel. und Fax A-05675/6282.

Dies ist die letzte große Etappe bei der üblichen Durchquerung der Allgäuer Alpen. Wer am Ende des Höhenwegs noch Kraft und Muße hat, überschreitet auf kleinen, teilweise steinigen Steigen in recht kurzweiliger Art noch zwei Gipfel. Aus dem Tannheimer Tal kann man per Bus nach Sonthofen im Oberallgäu zurückkehren. (→ Karte S. 46)

Vom Prinz-Luitpold-Haus zur Landsberger Hütte: Wie bei Tour 12 beschrieben vom Prinz-Luitpold-Haus über die Bockkarscharte bis zur Lahnerscharte (1988 m). Diesseits des Kammes bleibend quert man durch die sehr steilen, steinigen von Schrofen durchsetzten Südflanken von Kastenkopf und Kälbelespitze (2135 m) in eine Lücke. Dann geht es schräg nach links auf die bald weiträumigen, buckeligen Alpflächen hinab und weiter in den tiefsten Sattel (Kastenjoch, 1859 m). Nun führt der Steig kurzzeitig südlich des hier wieder ausgeprägten Grates entlang, dann über ihn, schließlich durch die Flanke der Steinkarspitze hinüber ins Westliche Lachenjoch (1970 m). Auf erdigem Steig erreicht man schließlich nach kurzem Abstieg die Landsberger Hütte (1805 m).

Zwei-Gipfel-Variante: Man kann vom oben beschriebenen Weg von jener Stelle, wo er in die Flanke der Steinkarspitze (2067 m) abbiegt, direkt über den Kamm auf Trittspuren diesen Gipfel erreichen; ein besserer Steig führt jedoch vom Westlichen Lachenjoch dort hinauf. Von der Steinkarspitze muss man auf dem Südwestgrat (!) kurz absteigen, dann durch die steile Südflanke zum Ostgrat queren, um auf ihm in die Steinkarscharte (1955 m) zu kommen. Südlich des Grates durch die Hänge bis in den hinteren Winkel und von dort Aufstieg über ziemlich steiles Grasgelände mit Geröll auf die Lachenspitze (2126 m). Entweder zurück in die Steinkarscharte und zur Hütte oder vom Gipfel meist etwas rechts des Nordgrates über einige schrofige Stellen (Trittsicherheit wichtig) ins Östliche Lachenjoch und von dort zur Hütte.

Abstieg zum Vilsalpsee: Von der Hütte führt der Abstieg durch eine Gasse in einer Felsfluh zum Traualpsee, dann über Gras, zwischen Buschwerk und Bäumen weit hinab zum Vilsalpsee (1165 m) mit Gasthaus. Buslinie nach Tannheim.

Landsberger Hütte und Lachenspitze.

14 Landsberger Hütte – Leilachspitze, 2274 m – Birkental – Rauth

Ungewöhnlicher Abschluss der Allgäuer Durchquerung

Talort: Tannheim (1097 m) im gleichnamigen Tal. Von dort morgens und abends mit dem eigenen Pkw sonst per Bus zum Vilsalpsee (1165 m, Gasthaus).

Ausgangspunkt: Landsberger Hütte (1805 m) des DAV, die man auf dem Höhenweg (→ Tour 13) oder durch einen Aufstieg auf breiten, sehr viel begangenen Wegen vom Vilsalpsee in 2¼ Std. erreicht.

Gehzeiten: Landsberger Hütte – Leilachspitze 2½ Std., Leilachspitze – Rauth 2½ Std.; Gesamtzeit 5 Std.

Anforderungen: Relativ anspruchsvolle,

im zweiten Abschnitt kleine und stille Bergwege mit einer ganzen Anzahl schrofiger Stellen, die gute Trittsicherheit erfordern. Nur bei stabilem Wetter begehen! Der Abstieg ist nicht ganz leicht zu finden.

Höhenunterschiede: Insgesamt 600 Hm im Aufstieg, 1260 Hm im Abstieg.

Höchster Punkt: Leilachspitze (2274 m).

Stützpunkt: Landsberger Hütte (1805 m), DAV, Sektion Landsberg, bew. Pfingsten bis Mitte Oktober, 200 Schlafplätze, Winterraum mit 16 Plätzen (offen), Tel. und Fax A-05675/6282.

Wer seine Allgäu-Durchquerung auf ganz elegante Art beenden will, wird auf relativ anspruchsvoller Route – trotz der Steige – die Leilachspitze überschreiten. Das ist auch für sich alleine eine wirklich lohnende Bergfahrt, ragt dieser Gipfel doch ein Stück über seine Nachbarschaft auf. Beim Abstieg trifft man zudem nur wenige, gleichgesinnte Wanderer. Hier sollte man jedoch nur bei nebelfreiem Wetter unterwegs sein, sonst kann die Routen-

In der Tiefe das Birkental, darüber Leilachspitze und Luchsköpfe.

suche problematisch werden. Bei fraglichem Wetter bietet sich die Wanderung über das Östliche Lachenjoch und durchs gesamte Birkental nach Rauth an.

Auf die Leilachspitze (2274 m): Von der Landsberger Hütte geht es südlich an der Lache vorbei und dann bei der Verzweigung über den oberen Weg auf den Kamm beim Östlichen Lachenjoch (1915 m). Drüben steigt man 50 Hm schräg hinab und wandert über verkarstete Böden und einen Hang in die Lechtalerscharte (1955 m). Der Weiterweg führt rechts um einen ersten Gratkopf in eine zweite Scharte, dann durch die Südhänge der Luchsköpfe erst querend, dann steigend auf eine grüne Schulter. Anschließend in sehr steilem Gelände in die Scharte hinter den Luchsköpfen hinab, links am Grat entlang an den Fuß der Leilachspitze, durch eine rutschige Rinne in eine Lücke zwischen dem wild gezackten Südgipfel und dem Hauptgipfel und nach links über Schrofen zum Kreuz hinauf.

Durchs Birkental nach Rauth: Der Abstieg führt auf Geröll und über wenige Schrofen über den Nordgrat hinab, dann rechts neben einer Rinne durch die steile, steinige Flanke etwas unangenehm ins flache Notländerkar. Etwa in der Mitte des Kares zweigt der Steig ins Birkental ab. Dort geht es über die Böden des Kares zwischen Latschen und auf Weideflächen, später auch im Wald hinab, dann ein gutes Stück nach rechts, anschließend wieder nach links zu einer Forststraße, die man nur überquert. Rasch erreicht man den Weißenbach, überschreitet ihn und wandert auf dem Steig talaus, bis man nach dem Krottentobel auf eine weitere Forststraße trifft. Auf ihr talaus nach Rauth (1146 m). Unten an der nahen Hauptstraße Bushaltestelle.

15 Prinz-Luitpold-Haus – Laufbachereck – Edmund-Probst-Haus

Höhenwege hoch über dem Oytal und vis-a-vis der Höfats

Ausgangspunkt: Prinz-Luitpold-Haus (1846 m), das man auf dem Höhenweg (→ Tour 10) oder durch einen Aufstieg vom Giebelhaus (dorthin Busfahrt von Hinterstein) in 2½ Std. erreicht.
Gehzeiten: Prinz-Luitpold-Haus – Laufbachereck 2½ Std., Laufbachereck – Edmund-Probst-Haus 2 Std.; Gesamtzeit 4½ Std.
Anforderungen: Viel begangene Bergwege ohne schwierige Stellen, bei Nässe jedoch sehr schmierig. Kein Notabstieg zwischen Laufbachereck und dem Ziel.
Höhenunterschiede: Zum Laufbachereck 570 Hm im Aufstieg, beim Weiterweg kleine Gegenanstiege von insgesamt 140 Hm. Im Abstieg insgesamt 630 Hm.
Höchster Punkt: Scharte am Laufbachereck (2145 m).
Stützpunkte: Prinz-Luitpold-Haus (1846 m), DAV, Sektion Allgäu-Immenstadt, bew. Anfang Juni bis Mitte Oktober, 280 Schlafplätze, Winterraum mit 16 Plätzen (offen), Tel. 0171/6233417 oder 08322/700154.
Edmund-Probst-Haus (1930 m), DAV Sektion Allgäu-Immenstadt, bew. Pfingsten bis Mitte Oktober, 125 Schlafplätze, Tel. 08322/4795, Fax 8594.
Abstiegsmöglichkeit: Vom Edmund-Probst-Haus entweder Talfahrt mit der Seilbahn nach Oberstdorf oder dorthin zu Fuß in knapp 2 Std.

Bei der klassischen Durchquerung der Allgäuer Alpen wandert man vom Prinz-Luitpold-Haus zur Landsberger Hütte und zum Vilsalpsee. Doch die hier beschriebene Alternative ermöglicht einen wirklich außergewöhnlichen

Abschluss der Runde – die Begehung des bekannten Hindelanger Klettersteigs. Der Übergang ins Nebelhorn-Gebiet ist außerdem landschaftlich besonders reizvoll mit dem herrlich weiten Blick quer über das Oytal auf die Höfats und die großen Gipfel des Gebirges, zudem gibt es eine Fülle schönster Alpenblumen in diesem Grasberge-Bereich. Ein ungewöhnlicher Effekt: In der eigenen Richtung sind kaum Wanderer unterwegs, um so stärker ist der »Gegenverkehr«.
Zum Laufbachereck: Vom Prinz-Luitpold-Haus wandert man nach

Aufstieg zum Laufbachereck, hinten der Wiedemer.

Edmund-Probst-Haus am Nebelhorn.

Westen um den Wiedemer, durch die zerfurchten Hänge schräg hinab zu einem Bach (1591 m) und quer über die folgende Halde. Nun geht es wieder aufwärts, bei der Verzweigung hält man sich rechts und überquert zwei Rücken zu den Weidehänge östlich unter dem Laufbachereck. Über bald wieder steileres Gelände erreicht man die kleine Scharte (2145 m) neben dem Gipfel (2178 m), den man in wenigen Minuten besteigen sollte.

Höhenweg zum Probsthaus: Vom Laufbachereck nach Westen hinab in einen tief eingeschnittenen Sattel (1999 m), dann folgt die lange Querung der sehr steilen Hänge unter dem felsigen Lachenkopf und dem ganz von Grün überzogenen Schochen – »himmelhoch« über dem Oytal und genau gegenüber der berühmten Höfats – zu einem auffallenden Eck. Nun geht es im rechten Winkel nach Norden, unter den Seeköpfen hindurch (unterhalb der meist auffallend blau gefärbte Seealpsee) und kurz empor in den Zeigersattel (1922 m), hinter dem das Edmund-Probst-Haus (1930 m) und eine Station der Nebelhorn-Seilbahn stehen.

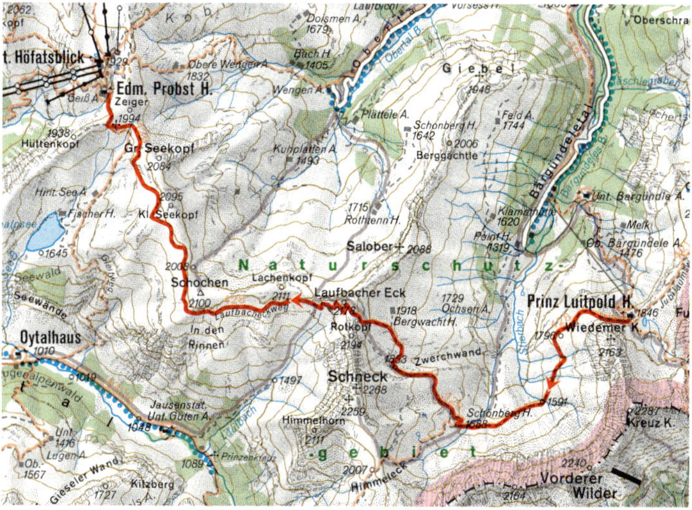

16 Edmund-Probst-Haus – Hindelanger Klettersteig zum Daumen – Giebelhaus

Spannender Eisenweg über vier Gipfel

Talort: Oberstdorf, 815 m, bekanntester Allgäuer Ferienort. Bahnhof der Strecke von Kempten, Autozufahrt auf der B 19.

Ausgangspunkt: Edmund-Probst-Haus (1930 m), DAV, das man entweder auf dem Höhenweg (→ Tour 15), oder von Oberstdorf mit der Seilbahn erreicht.

Gehzeiten: Edmund-Probst-Haus – Nebelhorn 50 Min. (oder Fahrt mit der Seilbahn), Nebelhorn – Hindelanger Klettersteig – Großer Daumen etwa 2½ Std., Großer Daumen – Giebelhaus reichlich 2 Std.; Gesamtzeit 5½ Std.

Anforderungen: Längerer Klettersteig mittlerer Schwierigkeit mit vielen sehr gut gesicherten Stellen, aber auch felsige Passagen ohne Hilfen, teilweise ausgesetzt. Bei Nässe wegen der erdigen Abschnitte schmierig.

Höhenunterschiede: 300 Hm Aufstieg zum Nebelhorn, zudem auf dem Grat etwa 280 Hm. Abstieg insgesamt 1450 Hm.

Höchster Punkt: Großer Daumen, 2280 m.

Stützpunkte: Edmund-Probst-Haus (1930 m), DAV Sektion Allgäu-Immenstadt, bew. Pfingsten bis Mitte Oktober, 125 Schlafplätze, Tel. 08322/4795, Fax 8594. Schwarzenberghütte (1380 m). DAV, Sektion Illertissen, bew. von Weihnachten bis Allerheiligen, 54 Schlafplätze, Tel. 0173/3927766.

Inzwischen gehört der Hindelanger Klettersteig zu den beliebtesten Eisenwegen Bayerns, zu Recht, führt diese liebevoll ausgebaute Anlage doch stets über den höchsten Kamm der Wengenköpfe und Zwiebelstränge und

Koblat, darüber die Wengenköpfe.

Hindelanger Klettersteig an den Wengenköpfen.

Hindelanger Klettersteig am Westlichen Wengenkopf.

wartet nicht nur mit hindernislosen Ausblicken, sondern auch mit einer Fülle pfiffiger Felsstellen auf. Das wäre ein würdiger Abschluss der Durchquerung! Auf dem Großen Daumen muss man sich dann entscheiden: entweder Abstieg an zwei schönen Seen vorbei oder Fortsetzung der dann sehr langen Tour bis zum Breitenberg (→ Tour 17). Wer den Klettersteig als Tagestour begeht, kehrt am besten über das Koblat zur Seilbahn zurück (1¾ Stunden, → Tour 17).

Hindelanger Klettersteig: Von Oberstdorf oder vom Edmund-Probst-Haus mit der Seilbahn auf das Nebelhorn (2224 m, Restaurant, zu Fuß 50 Minuten). In wenigen Minuten zum ersten markanten Felsturm mit Leiter und teilweise ohne Sicherungen weiter zum Westlichen Wengenkopf (2235 m).

Über eine Stufe hinab, dann etwa waagerechter Grat mit vielen kleinen Felsköpfen, ein ständiges Auf und Ab mit relativ viel freier Kletterei. Nochmals abwärts in die tiefste Scharte (mit Abstiegsmöglichkeit zum Koblat). Leiter über eine steile Felsstufe, dann wieder über kleine, gut gesicherte Felserhebungen zum Östlichen Wengenkopf (2206 m). Längerer Abstieg (Leiter), dann auf recht ausgesetzter Schneide über hohen, steilen Nordwänden und über weitere Felsköpfe in die zweite tiefere Scharte (wieder mit Abstiegsmöglichkeit zum Koblat). Zwiebelstränge nennt man den dritten, nochmals ziemlich langen Grat-Abschnitt mit teils schmalen und eindrucksvollen Schneiden, mehreren Leitern, ausgesetzten Felsplatten usw. Bald danach kommt man in das bequeme Gelände des Daumens. In 20 Minuten auf dem Wanderweg über das Glasfeld auf den Großen Daumen (2280 m).

Schönster Abstieg: Vom Großen Daumen nach Süden über das Glasfeld und eine Stufe hinab zum malerischen Laufbichelsee (2018 m). Auf die Südseite der Wasserfläche und dann nach Osten quer und abwärts durch die Hänge zum erstaunlich großflächigen Engeratsgundsee (1876 m). Im Weidegebiet (bei Nässe schmierig) zur Käseralpe und entweder – etwas direkter – zum bewirtschafteten Engeratsgundhof und weiter zum Giebelhaus (1065 m) oder dorthin über die Schwarzenberghütte (1380 m) des DAV. Vom Giebelhaus Buslinie nach Hinterstein.

17 Edmund-Probst-Haus – Großer Daumen – Kleiner Daumen – Breitenberg – Hinterstein

Einfache Fortsetzung des Hindelanger Klettersteigs

Talort: Oberstdorf, 815 m, bekanntester Allgäuer Ferienort. Bahnhof der Strecke von Kempten, Autozufahrt auf der B 19.
Ausgangspunkt: Edmund-Probst-Haus (1930 m), DAV, das man entweder auf dem Höhenweg (→ Tour 15), oder von Oberstdorf mit der Seilbahn erreicht.
Gehzeiten: Edmund-Probst-Haus – Großen Daumen gut 2 Std. (über den Hindelanger Klettersteig 3½ Std.), Großer Daumen – Breitenberg 2½ Std. Breitenberg – Hinterstein 2 Std.; Gesamtzeit 6½ Std.
Anforderungen: Hochalpine Steige mit einigen gut gesicherten, nur selten ausge-

setzten Schrofenstellen, auch ohne Hindelanger Klettersteig ein anstrengendes Unternehmen, nur für zuverlässiges Wetter geeignet.
Höhenunterschiede: 420 Hm Aufstieg zum Großen Daumen, bis zum Breitenberg zusätzlich etwa 250 Hm. Insgesamt 1740 Hm im Abstieg.
Höchster Punkt: Großer Daumen (2280 m).
Stützpunkt: Edmund-Probst-Haus (1930 m), DAV Sektion Allgäu-Immenstadt, bew. Pfingsten bis Mitte Oktober, 125 Schlafplätze, Tel. 08322/4795, Fax 8594.

Die hier beschriebenen Routen sind nicht nur eine Ergänzung zum Hindelanger Klettersteig, sie bilden auch eine Alternative für alle, die es etwas bequemer haben wollen und nicht gerne mit dem Urlaubsrucksack einen

Kleiner Daumen (rechts) und Pfannenhölzer von Norden.

ernsten Klettersteig begehen. Unsere beiden Alternativen bis zum Großen Daumen: Entweder über den Klettersteig (→ Tour 16) oder ohne alle Schwierigkeiten auf Steigen über das Koblat. Der Weiterweg zu Kleinem Daumen und Breitenberg wäre dann gemeinsam. Es handelt sich aber auch hier um eine ausgesprochen interessante, schöne Bergfahrt mit einer Reihe spannender Stellen, viel Abwechslung und stets völlig freien Ausblicken. (→ Karte S. 57)

Auf den Großen Daumen (2280 m): Von der Bahnstation gleich über dem Edmund-Probst-Haus führt der anfangs breite Weg durch eine Steilmulde empor und nach links oben auf die Geländekante. Dann geht es mit einigem Auf und Ab über die sehr wellige Karstfläche

Gemswurz und Alpenrosen auf dem verkarsteten Koblat.

»Koblat« – oberhalb stets die Felszacken des Hindelanger Klettersteigs – zum kleinen, dank des Blockwerks sehr malerischen Koblat- und dem etwas größeren Laufbichelsee. Kurz vor dem letzteren abbiegend steigt man nach Norden über eine Stufe empor und dann auf einer eigenartigen Abdachung, dem »Glasfeld«, zum Gipfel des Großen Daumens.

Über den Kleinen Daumen zum Breitenberg: Vom Großen Daumen geht es über den flachen Grat auf den Ostgipfel (2273 m), dann mehr in der linken Flanke über Geröll und Schrofen hinab in eine Scharte und über den teilweise scharfen Felsgrat (Sicherungen) bis in die Lücke vor dem Kreuz auf dem Kleinen Daumen (2185 m). Nun steigt man steil nach Norden nahe der wilden Gratkante über Schrofen und Geröll ab (anfangs mit Drahtseilhilfe), bis man von einem Schritt zum anderen in üppiges Grün mit reichem Blütenschmuck kommt, für das die Fleckenmergel sorgen. Aus dem Hasenecksattel (1895 m) erreicht man ohne Probleme die Heubatspitze (2008 m). Nun folgt erst wieder verstärkt steiniges Gelände über die Hohen Gänge (Sicherungen), dann bequemes bis hinaus zum Breitenberg (1893 m).

Der lange Abstieg: in einem nach Norden ausholenden Bogen hinab zu den Elpealpen, in Kehren durch Wald ins Ostrachtal und kurz talaus nach Hinterstein (866 m, Buslinie).

Durch die Tannheimer Berge –
Rund um den Vilsalpsee

Nicht jeder beabsichtigt eine Tour, die eine ganze Woche dauert. Mit der Durchquerung der Tannheimer Berge von Süden nach Nordwesten und der Runde um den Vilsalpsee bieten wir zwei Drei-Tages-Touren an. Aber da sich die beiden Berggebiete über dem Tannheimer Tal unmittelbar gegenüberliegen, lassen sie sich auch zu einer gemeinsamen Tour verbinden.

Durch die Tannheimer Berge

Diese Berggruppe im Nordosten des Tannheimer Tals bildet ein echtes »Mustergebirge«! Auf engstem Raum findet man alles: sehr schöne, steilwandige Fels- und Kletterberge, einige Hütten, ein Netz von Bergwegen, ein paar anspruchsvolle Ziele mit alpinen Pfaden, einen kurzen Klettersteig usw. Das Gestein Wettersteinkalk sorgt für das besondere Bild dieses Massivs, das so ganz anders als die übrigen Allgäuer Alpen aussieht. Dieses Gestein schafft auch Wände mit herrlich festem Fels, die die Kletterer in Scharen anlocken; der Bergwanderer kann den Steilfels-Tigern bei ihrem Sport – etwa am berühmten Westgrat des Gimpels – sogar zuschauen. Jeder mag sich nun selbst ausmalen, wie spannend und abwechslungsreich

Gimpel und Rote Flüh (links) mit Aufstiegsflanke (Tour 20).

die Drei-Tages-Tour ist, die der Länge nach durch dieses Gebirge führt, die zudem trotz einer idealen Zusammenstellung erstaunlich wenig bekannt ist und in dieser Art nicht so oft begangen wird.

Bedingungen

Im südlichen Drittel dieses kleinen Gebirges zerschneidet der Tannheimer Hauptkamm mit den großen Gipfeln wie Gimpel und Kellenspitze die Gruppe in zwei ungleiche Teile. Diese gewaltigen Felsburgen mit Wänden bis zu 800 m Höhe sind bei den Touren sozusagen allgegenwärtig. Aber ihr Kamm bildet auch eine Barriere für weniger Erfahrene, denn dort sind die Wanderungen deutlich anspruchsvoller als in den übrigen Bereichen der Tannheimer. Es gibt nur eine Mög

Rote Flüh im Abendlicht (Tour 20).

lichkeit für Bergwanderer, die nicht schwindelfrei und trittsicher sind, dieses Gelände zu meiden – man ist dann auf folgender Route unterwegs: Hahnenkammbahn – Lechaschauer Alm (bewirtschaftet) – Gehrenjoch (1858 m) – Musaueralm (1290 m, bewirtschaftet) – Otto-Mayr-Hütte (1528 m); Gesamtzeit reichlich 3 Stunden.

Unsere beiden alternativen Übergänge vom Gimpelhaus und der Tannheimer Hütte über den Hauptkamm zur Otto-Mayr-Hütte kann man sich ganz individuell zusammenstellen; am anspruchsvollsten wären dabei die Besteigung der Kellenspitze und die Begehung des Friedberger Klettersteigs. Die Touren lassen sich meist von Anfang Juni bis in den Oktober begehen.

DIE ROUTE IM ÜBERBLICK		
Abschnitt	**Stützpunkt**	**Gehzeit**
18	Hahnenkamm – Schneid – Gimpelhaus	Gimpelhaus	3½ Std.
19	Gimpelhaus – Nesselwängler Scharte – Otto-Mayr-Hütte	Otto-Mayr-Hütte	3 Std.
20	*Alternative über Rote Flüh und Schartschrofen*	Otto-Mayr-Hütte	3½ Std.
21	Otto-Mayr-Hütte – Aggenstein – Pfronten		4¼ Std.

Rund um den Vilsalpsee

Eine Tour in dieser Zusammenstellung ist den wenigsten bekannt. In drei Tagen kann man so rund um den Vilsalpsee wandern, der sich in einem weiten Nebenast des Tannheimer Tals versteckt.

Auch bei dieser Tour ist man auf den üblichen Höhenwegen unterwegs; es handelt sich dabei um einen Mix aus sehr beliebten Routen, vor allem im Bereich der Landsberger Hütte, und einem recht stillen Abschnitt. Man bewegt sich meist in Höhen zwischen 1600 und 2200 m, also in einer durchaus schon hochalpinen, dabei fast immer ganz freien Landschaft mit weiter Fernsicht und einigen eindrucksvollen Tiefblicken. Das Besondere: Mit etwas Fleiß lassen sich nicht weniger als neun Gipfel besteigen.

Geißhorn über dem Vilsalpsee (Tour 23).

Bedingungen
Der Höhe entsprechend kann man diese Drei-Tages-Tour etwa ab Pfingsten bis Mitte Oktober unternehmen. Da es sich bei der Willersalpe um eine private Hütte handelt, sollte man sich dort auf jeden Fall anmelden und sich am Anfang und Ende der Saison auch davon überzeugen, dass die Alpe überhaupt bewirtschaftet ist. Auf den üblichen Routen gibt es einige steilere Stellen, die etwas Trittsicherheit erfordern, aber keine Probleme bereiten. Deutlich anspruchsvoller wäre die – sehr reizvolle – Überschreitung des Rauhhorns (das man tief östlich umgehen kann).

	DIE ROUTE IM ÜBERBLICK		
	Abschnitt	**Stützpunkt**	**Gehzeit**
22	Schattwald – Ponten – Willersalpe	Willersalpe	3¾ Std.
23	Willersalpe – Rauhhorn – Landsberger Hütte	Landsberger Hütte	4½ bis 6 Std.
24	Landsberger Hütte – Neunerköpfl – Tannheim		2¾ Std.

Kombination beider Touren

Man beginnt dann am besten mit Tour 22 und 23 und folgt am dritten Tag der Route 24 bis zur Strindenscharte. Auf der Nordseite dieses Einschnitts bleibt man auf dem Sträßchen und wandert durch das Strindental hinaus zum Haldensee (1124 m). Auf Wanderwegen längs des Südufers und über Wiesen bzw. durch Wald erreicht man Nesselwängle und steigt dann auf dem breiten Hüttenweg zum Gimpelhaus (1659 m) auf. Insgesamt ist man von der Landsberger Hütte bis zum Gimpelhaus 5½ bis 6 Stunden unterwegs.

Tannheim und das Massiv der Schochenspitze.

18 Hahnenkamm – Schneid, 2009 m – Tannheimer Hütte – Gimpelhaus

In den südöstlichen Tannheimer Bergen

Talort: Höfen (868 m), 3 km lechtalaufwärts vom Bezirkshauptort Reutte gelegen. Buslinie von dort.

Ausgangspunkt: Vom nördlichen Ortsrand von Höfen gut 1 km zum Bergfuß mit der Talstation der Reuttener Bergbahn. Bergstation in 1733 m Höhe.

Gehzeiten: Bergstation – Schneid 1½ Std., Schneid – Gimpelhaus 2 Std.; Gesamtzeit gut 3½ Std. Besteigung der Gehrenspitze zusätzlich gut 2 Std.

Anforderungen: Bergwege, teils kleine Steige, nur am Schneid-Westgrat eine sehr steile Stelle im Gras, die unbedingt Trittsicherheit verlangt (lässt sich vermeiden). Besteigung der Gehrenspitze für Bergwanderer sehr anspruchsvoll; einfache Schrofenkletterei (I), kurzzeitig ausgesetzt.

Höhenunterschiede: Von der Bahn auf die Schneid 440 Hm, Weiterweg zu den Hütten noch ca. 60 Hm im Aufstieg. Insgesamt 580 Hm im Abstieg. Evtl. an der Gehrenspitze zusätzlich 320 Hm im Auf- und Abstieg.

Höchster Punkt: Schneid (2009 m), evtl. Gehrenspitze (2163 m).

Stützpunkte: Tannheimer Hütte (1713 m), DAV, Sektion Allgäu-Kempten, einfach bew. von Ende Mai bis Ende Oktober, 22 Schlafplätze, Tel. A-0676/3423239. Gimpelhaus (1659 m), privat, bew. Anfang Mai bis Ende Oktober, 240 Schlafplätze, Tel. und Fax A-05675/8251.

Abstiegsmöglichkeit: Breiter, viel begangener Bergweg vom Gimpelhaus hinab nach Nesselwängle (40 Min.).

Gimpelhaus, hinten Rote Flüh, Gimpel und Nesselwängler Scharte.

Wege voller Überraschungen, eine auffallend reiche Flora, weite Fernblicke und ganz nahe die wilden Südabstürze von Kellenspitze und -schrofen – zu Unrecht sind die hier beschriebenen Höhenwege wenig bekannt. Man kann sich die Route zudem ganz individuell zusammenstellen. (→ Karte S. 70/71)

Der Hahnenkopf und die Gehrenspitze von Westen.

Auf die Schneid (2009 m): Von der Bergstation steigt man kurz empor und erreicht – am Alpenblumengarten vorbei – eine Gratschulter. Es geht kurz über einen Steilhang hinab und dann quer durch die Hänge ins Tiefjoch (1717 m; hierher auch über den Hahnenkamm, 1938 m, 25 Minuten mehr). Nun auf kleinem Steig knapp unter den Ditzl hindurch in das Hochjoch (1754 m). Über den Grat nach Norden aufwärts, bis das Gelände steil wird, dort quert man etwas nach links, um dann ebenfalls steil auf den obersten Westgrat zu steigen, über den man rasch den Gipfel der Schneid erreicht.

Weiterweg zu den Hütten: Ein Steiglein führt vom Gipfel der Schneid über den Westgrat hinab und über eine sehr steile, ausgesetzte Grasstufe ins Sabachjoch (1860 m). Von dort steigt man nach Südwesten in den folgenden Graskessel mit Wegkreuz ab. Einfacher: auf dem Hinweg zurück ins Hochjoch und quer durch die Hänge in den Kessel. Vom Wegkreuz führt die Route etwa eben nach Südwesten durch sehr steile Hänge, dann mit einigem Auf und Ab in recht langer Querung der stark gegliederten Flanke zur Tannheimer Hütte, von der die meisten noch zum nahen Gimpelhaus absteigen; beide Hütten bieten schönste Ausblicke.

Abstecher Gehrenspitze (2163 m): Abstieg über den einfachen Schneid-Nordostgrat ins Gehrenjoch (1858 m). Nun geht es kurzzeitig auf dem Graskamm gegen die Felsen empor, dann quert man durch sehr steiles Gelände mit einer ausgesetzten Stelle in die auffallende Südrinne. In bröseligem Material (keine Steine abtreten!) turnt man etwas mühsam in die abschließende Lücke im Westgrat empor. Die Schneide wird nördlich umgangen, erst im obersten Teil folgt man ihr zum Gipfel (Trittsicherheit wichtig). Zurück ins Gehrenjoch und mit 70 m Höhenverlust nördlich unter der Schneid hindurch ins Sabachjoch.

19 Gimpelhaus – Nesselwängler Scharte – (Kellenspitze, 2238 m) – Otto-Mayr-Hütte

Auf den Hauptgipfel der Tannheimer Berge

Ausgangspunkt: Gimpelhaus (1659 m) oder Tannheimer Hütte (1713 m), die man entweder auf den Höhenwegen (→ Tour 18) oder nach einem Aufstieg auf breiten Bergwegen von Nesselwängle im Tannheimer Tal in 1½ Std. erreicht.

Gehzeiten: Gimpelhaus – Nesselwängler Scharte 1 Std., Nesselwängler Scharte – Otto-Mayr-Hütte knapp 2 Std.; Gesamtzeit 3 Std. Aufstieg von der Scharte auf die Kellenspitze 50 Min.

Anforderungen: Überschreitung der Scharte auf Bergwegen, teilweise steile Stellen (Sicherungen), die Trittsicherheit erfordern. Abstieg häufig nass und dann rutschig. Abstecher auf die Kellenspitze sehr anspruchsvoll, einfache Felsstellen (I, wenige Meter II), teils etwas ausgesetzt.

Höhenunterschiede: Vom Gimpelhaus in die Scharte 350 Hm, insgesamt zur Otto-Mayr-Hütte 500 Hm im Aufstieg und 630 Hm im Abstieg. Beim Abstecher auf die Kellenspitze zusätzlich 250 Hm im Auf- und Abstieg.

Höchster Punkt: Nesselwängler Scharte (2001 m), evtl. Kellenspitze (2238 m).

Stützpunkte: Gimpelhaus (1659 m), privat, bew. Anfang Mai bis Ende Oktober, 240 Schlafplätze, Tel. und Fax A-05675/ 8251. Tannheimer Hütte (1713 m), DAV, Sektion Allgäu-Kempten, einfach bew. von Ende Mai bis Ende Oktober, 22 Schlafplätze, Tel. A-0676/3423239. Otto-Mayr-Hütte (1528 m), DAV, Sektion Augsburg, bew. Mitte Mai bis Ende Oktober, 84 Schlafplätze, Tel. A-05677/ 8457. Gleich nebenan die private Füssener Hütte, 56 Schlafplätze, Tel. A-0676/3423221.

Abstiegsmöglichkeit: Von der Otto-Mayr-Hütte Aufstieg von 1 Std. über das Reintalerjoch zum Füssener Jöchl und Talfahrt mit der Kleinkabinenbahn nach Grän. Buslinie nach Nesselwängle.

Hier ist man im höchsten und interessantesten Teil der Tannheimer Berge unterwegs, ja, man kann bei entsprechender Geschicklichkeit sogar dem Häuptling dieses kleinen Mustergebirges auf das Haupt steigen. Aber auch der Übergang über die Scharte begeistert mit mannigfaltigen Felsbildern von der mauerglatten Südwand des Gimpels – ein berühmtes Kletter-Dorado – bis zur Zackenwelt in der Gasse kurz unter dem Grat. Kehrt man von der Otto-Mayr-Hütte über das Füssener Jöchl (Bergbahn) ins Tannheimer Tal zurück, so findet man hier auch eine Tagestour mit einer Fülle verschiedener Eindrücke. Unsere Tour 20 über die Rote Flüh bildet eine Alternative für den heutigen Tag. (→ Karte S. 70/71)

Über die Nesselwängler Scharte: Vom Gimpelhaus kommt man auf dem oberen Steig, der schräg durch die Hänge zieht, zu einem Wegkreuz in einem begrünten Kessel mit eindrucksvoller Felswand-Umrahmung (hierher auch direkt von der Tannheimer Hütte). Dann gerade über erst flache, dann steile Hänge gegen die Felsen empor und an ihrem Fuß nach rechts, bis sich links eine eindrucksvolle Felsgasse öffnet. Durch sie erreicht man die nahe Nesselwängler Scharte (2001 m); rechts die wilden Felsen der Kellenspitze mit dem Löwenzahn! Durch die nordseitige Steilmulde geht es über

Tannheimer Hütte, Kellenspitze und die Nesselwängler Scharte in der Gratmitte.

Gras, Geröll und Felsen (Drahtseil) sehr direkt ins Raintal hinab. Hinter der Brücke (1390 m) steigt man schließlich auf dem Fußweg zur Otto-Mayr-Hütte (1528 m, faszinierender Blick auf die großen Nordwände) hinauf.
Abstecher auf die Kellenspitze (2238 m): Direkt von der Nesselwängler Scharte auf Wegspuren knapp links des Grates erst über Gras empor, dann in der Nordflanke quer durch Rinnen und über Schrofen etwas ausgesetzt (kurzer Abstieg, gefährlich bei Nässe) in eine Schlucht. Durch die Rinne und über einen Klemmblock (bei schlechtem Drahtseil II, doch nicht ausgesetzt), darüber weiter durch die Rinne in eine Lücke und auf den Gipfel.

20 Gimpelhaus – Rote Flüh, 2111 m – (Friedberger Klettersteig) – Otto-Mayr-Hütte

Gesicherte Steige und eventuell ein kurzer, echter »Eisenweg«

Ausgangspunkt: Gimpelhaus (1659 m) oder Tannheimer Hütte (1713 m), die man entweder auf den Höhenrouten (→ Tour 18) oder nach einem Aufstieg auf breiten Bergwegen von Nesselwängle im Tannheimer Tal in 1½ Std. erreicht.

Gehzeiten: Gimpelhaus – Rote Flüh knapp 1½ Std., Rote Flüh – Schartschrofen gut 1 Std., Schartschrofen – Otto-Mayr-Hütte knapp 1 Std.; Gesamtzeit etwa 3½ Std.

Anforderungen: Bei der Überschreitung der Roten Flüh Bergwege mit einigen gesicherten Felsstellen, Trittsicherheit nötig. Am Schartschrofen kurzer, steiler Klettersteig mittlerer Schwierigkeit, bei Vorausgehenden besteht dort Steinschlaggefahr.

Höhenunterschiede: Vom Gimpelhaus auf die Rote Flüh 450 Hm im Aufstieg, am Schartschrofen zusätzlich 100 Hm, insgesamt zur Otto-Mayr-Hütte 550 bis 620 Hm im Aufstieg. Im Abstieg jeweils 130 Hm mehr.

Höchster Punkt: Rote Flüh (2111 m).

Stützpunkte: Gimpelhaus (1659 m), privat, bew. Anfang Mai bis Ende Oktober, 240 Schlafplätze, Tel. und Fax A-05675/8251. Tannheimer Hütte (1713 m), DAV, Sektion Allgäu-Kempten, einfach bew. von Ende Mai bis Ende Oktober, 22 Schlafplätze, Tel. A-0676/3423239.

Otto-Mayr-Hütte (1528 m), DAV, Sektion Augsburg, bew. Mitte Mai bis Ende Oktober, 84 Schlafplätze, Tel. A-05677/ 8457. Gleich nebenan die private Füssener Hütte, 56 Schlafplätze, Tel. A-0676/3423221.

Abstiegsmöglichkeit: Vom Raintalerjoch ins ganz nahe Füssener Jöchl und Talfahrt mit der Kleinkabinenbahn nach Grän. Buslinie nach Nesselwängle.

Dies ist eine Alternative zu unserer Tour 19. Die Überschreitung der Roten Flüh gehört zu den klassischen Unternehmen. Man trifft hier immer wieder auf etwas felsige Stellen, die – wenn nötig – gut gesichert sind. Wer mehr erleben möchte, begeht zusätzlich den Friedberger Klettersteig zum Schartschrofen. Er zieht direkt in dem steilen, zerborstenen Fels durch eine Rinne zu diesem durchaus selbstständigen Gipfel empor; Erfahrung mit Eisenwegen ist dafür Voraussetzung. Der Klettersteig ist nach Friedberg, einer Stadt bei Augsburg mit eigener Alpenvereinssektion, benannt.

Über die Rote Flüh (2111 m): Vom Gimpelhaus kommt man auf dem oberen Steig, der schräg durch die

Gilmenkopf an der Roten Flüh und Schartschrofen (links).

Der bekannteste Tannheimer Gipfel – Rote Flüh.

Hänge zieht, zu einem Wegkreuz in einem begrünten Kessel mit eindrucksvoller Felswand-Umrahmung (hierher auch direkt von der Tannheimer Hütte). Der linke Weg führt gegen die glatten Südwände des Gimpels empor und erreicht dann die Judenscharte. Von dort gelangt man über eine kleine Felsstufe (Sicherungen) und grasige Hänge auf die Rote Flüh.

Der folgende Abstieg führt über Gras und einige schrofige Passagen – an einem Felsköpfchen eine mit Eisenklammern gesicherte Stelle – und weiter über einen Rücken hinab. Auf der linken Seite quert man auf Absätzen den kleinen Gilmenkopf und kommt in die Gelbe Scharte (1860 m) mit ihrem auffallend bröseligen Gestein. Von dort entweder direkter Abstieg zur Otto-Mayr-Hütte oder weiter über den Klettersteig.

Friedberger Klettersteig: Von der Gelben Scharte zieht dieser Klettersteig in steilem, gut gesichertem Fels (durchgehendes Drahtseil) ziemlich direkt zum Schartschrofen (1968 m) empor. Dann über dessen breite Nordabdachung mit ihren Latschengassen und kleinen Grasmulden hinab in den folgenden, schmalen Sattel, das Hallergernjoch (1851 m). Von dort direkter Abstieg zur Otto-Mayr-Hütte oder weiter mit etwas Auf und Ab nach Norden (Abstecher auf die schön geformte Läuferspitze, 1956 m, Drahtseile, 20 Min. Aufstieg), um schließlich vom Raintalerjoch aus die Otto-Mayr-Hütte (1528 m) zu erreichen.

21 Otto-Mayr-Hütte – Raintalerjoch – Aggenstein, 1987 m – Pfronten

Höhenwege und Gipfel im Norden der Tannheimer Berge

Ausgangspunkt: Otto-Mayr-Hütte (1528 m) des DAV, dorthin auf unseren Höhenwegen der Touren 19 und 20 oder auch von Roßschläg bei Musau im Lechtal durch das Raintal in 2¾ Std.

Gehzeiten: Otto-Mayr-Hütte – Bad Kissinger Hütte 3 Std., Bad Kissinger Hütte – Aggenstein 40 Min., Aggenstein – Bergstation Lift gut 30 Min.; Gesamtzeit 4¼ Std.

Anforderungen: Bergwege ohne felsige Passagen, nur beim Abstieg vom Aggenstein steiler, recht steiniger Steig. Gipfelanstieg zum Aggenstein mit Sicherungen.

Höhenunterschiede: Zum Raintalerjoch 320 Hm, insgesamt bis zum Aggenstein 830 Hm im Aufstieg. 710 Hm im Abstieg.

Höchster Punkt: Aggenstein (1987 m).

Stützpunkte: Otto-Mayr-Hütte (1528 m), DAV, Sektion Augsburg, bew. Mitte Mai bis Ende Oktober, 84 Schlafplätze, Tel. A-05677/8457. Gleich nebenan die private Füssener Hütte, 56 Schlafplätze, Tel. A-0676/3423221. Bad Kissinger Hütte (ehemals Pfrontner Hütte, 1792 m), DAV, Sektion Bad Kissingen, bew. von Mitte Mai bis Ende Oktober. 65 Schlafplätze, Winterraum mit 10 Plätzen (offen), Tel. A-0676/3731166.

Bad Kissinger Hütte am Aggenstein.

Die letzte Etappe in den Tannheimer Bergen ist ein relativ freundlicher Ausklang unserer Durchquerung. Nur am Aggenstein, diesem auffallend asymmetrischen Felsberg, gilt es einige Schrofen zu überlisten, was jedoch – dank der Sicherungen – keine größeren Probleme bereitet. Der Aggenstein gehört zu den markantesten Bergen und beherrscht weite Teile der Ostallgäus. (→ Karte S. 70/71)

Tannheimer Höhenweg zur Bad Kissinger Hütte: Von der Otto-Mayr-Hütte kurz empor, bald geht es jedoch nach links durch die von vielen Latschenflecken überzogenen Hänge des Hahnenkopfs immer schräg aufwärts bis ins Raintalerjoch (1846 m). Nach ganz kurzem Abstieg erreicht man dann das Füssener Jöchl (1818 m) mit Bergbahnstation und Restaurant. Längs

Aggenstein, in den Hängen die Bad Kissinger Hütte.

des wenig ausgeprägten Grates führt der Höhenweg weiter nach Nordwesten, benützt dann die linke Flanke mit ihren Latschen, um schließlich die Westschulter (1910 m) der Sefenspitze zu erreichen. Von dort Abstieg zwischen Blöcken in den hübschen Boden der Seebenalpe, dann quert man längere Zeit die Hänge – teilweise zwischen Bäumen – bis zum folgenden Bergkamm. Man bleibt auf dessen linker Seite und kommt so zur Bad Kissinger Hütte (1792 m) auf einem Felseck mit sehr schönem Blick.

Aggenstein und Abstieg: Von der Bad Kissinger Hütte folgt man den Serpentinen des breiten, aber teilweise steinigen Weges – stets in den südseitigen Steilhängen – bis in die Lücke östlich des Gipfels. Von dort Abstecher auf den Aggenstein (1985 m, 10 Minuten), wobei Ketten helfen, die Felsstufen aus festem Gestein zu überwinden. Aus der Lücke dann nach Norden über die erst mittelsteile, dann sehr steile und steinige Flanke (Schrofen mit Sicherungen) hinab in einen breiten Grassattel (1635 m). Kurzer Anstieg zur Bergstation des Liftes. Mit ihm und der anschließenden Kleinkabinen-Seilbahn hinab nach Pfronten-Steinach. Mit Bahn und Bus über Reutte zurück nach Höfen (bzw. nach Musau).

Abstecher auf den Breitenberg: Von der Bergstation des Liftes eventuell auf sehr breitem Weg in 30 Minuten auf den Breitenberg (1838 m) mit der bewirtschafteten Ostlerhütte auf dem Gipfel.

22 Schattwald – Bschießer – Ponten, 2045 m – Willersalpe

Zwischen Tannheimer Tal und Ostrachtal

Talort: Schattwald (1074 m), der erste Ort im Westen des Tannheimer Tals auf sonnigem Boden gelegen. Gute Zufahrtsstraße von Oberjoch, das man von der Allgäu-Autobahn oder von Sonthofen aus ansteuert.

Ausgangspunkt: Talstation der Wannenjoch-Sesselbahn im Süden von Schattwald.

Gehzeiten: Bergstation – Bschießer 1¾ Std., Beschießer – Ponten 45 Min., Ponten – Willersalpe 1¼ Std.; Gesamtzeit 3¾ Std.

Anforderungen: Bergwege, zwischendurch auch etwas steilere Passagen, die etwas Trittsicherheit erfordern. Zuverlässiges Wetter ist bei diesen Grattouren empfehlenswert.

Höhenunterschiede: Auf den Bschießer 500 Hm, an Ponten und Zirleseck zusätzlich 200 Hm im Aufstieg. 810 Hm im Abstieg.

Höchster Punkt: Ponten (2045 m).

Stützpunkt: Willersalpe (1456 m), privat, in einem Alpkessel zwischen Geißeck und Ponten gelegen, 30 Schlafplätze, Tel. 0171/9939847.

Abstiegsmöglichkeit: Von der Willersalpe Abstieg auf viel begangenen Bergwegen nach Hinterstein im Ostrachtal, reichlich 1 Std.

Fast durchgehend freies Gelände, ein weites Panorama und begeisternde Tiefblicke lauten die wichtigsten Attribute zu diesem Unternehmen. Man ist für längere Zeit auf den höchsten Graten unterwegs, und zudem lässt sich diese Tour, bei der man zwei größere Berge überquert, ohne große zusätzliche Mühe zu einer Vier-Gipfel-Tour ausdehnen: Von der unten erwähnten Geländekante erreicht man in 40 Minuten das Wannenjoch (1907 m), das bei den Allgäuern Kühgundkopf genannt wird; noch interessanter als Gipfel wäre der Ronenspitz (1990 m), zu dem man vom Zirleseck in knapp 30 Minuten aufsteigt, wobei eine mit Drahtseilen gesicherte Stelle für etwas Spannung sorgt. (→ Karte S. 77)

Auf den Ponten (2045 m): Fahrt mit der Sesselbahn zur Bergstation (1570 m). Man steigt dann auf breitem Pfad immer schräg nach links durch die meist freien Hänge an,

Blick vom Wannenjoch (Kühgundkopf) zum Iseler.

Der Ponten über dem Tannheimer Tal.

bis man nach einer Geländekante zu einer Verzweigung kommt. Hier links abbiegen und über die Weidefläche in den nahen, breiten und schmutzigen Sattel (1613 m) der ehemaligen Oberen Stuibenalpe absteigen. Dann geht es gegenüber auf gegliederten Alpböden bequem nach Süden aufwärts, kurz ist man zwischen Latschen unterwegs, dann folgt ein abgerundeter, links jedoch in Felsen abbrechender Rücken, über den der Steig in vielen kleinen Kehren – meist über Geröll – zum Kreuz auf dem Bschießer (2000 m) leitet. Von dort kurz über den schmalen, fast waagerechten Gipfelgrat nach Süden, dann steigt man links in der sehr steilen Flanke in Serpentinen ab und quert in noch steilerem Gelände zum Grat. Nordseitig an ihm entlang bis zur Wegverzweigung. Bald danach im nun wieder weiträumigen Gelände über Gras, Geröll und an einigen Felsen vorbei auf den zerborstenen, seine Umgebung überragenden Gipfel des Ponten.

Abstieg zur Willersalpe: Vom Ponten geht es über die Südflanke zwischen pilzartigen Felstürmen hinab, dann hält man sich nach links zum Grat und erreicht nach kurzem Gegenanstieg das Zirleseck (1872 m), das keinen richtigen Gipfel bildet. Über dessen Grasschneide auf das Osteck und nach rechts hinab in den nahen Köllesattel (1827 m). Den letzten Abschnitt des Weges bildet der Abstieg durch eine schmale Grasmulde, die unmittelbar auf die Weideflächen der Willersalpe (1456 m) mündet.

23 Willersalpe – Rauhhorn, 2240 m – Kirchdachsattel – Landsberger Hütte

Über oder um die höchsten Gipfel

Ausgangspunkt: Willersalpe (1456 m), die man auf Tour 22 oder von Hinterstein in gut 1½ Std. erreicht.

Gehzeiten: Willersalpe – Sattel der Hinteren Schafwanne 2½ Std., Sattel – Landsberger Hütte knapp 2½ Std.; Gesamtzeit knapp 5 Std. Bei den Gipfelbesteigungen 1½ Std. mehr.

Anforderungen: Auf dem Höhenweg einige steilere Stellen, die etwas Trittsicherheit erfordern. Bei Überschreitung der beiden Gipfel, vor allem des Rauhhorns, ist die Tour deutlich anspruchsvoller; dort alpine Erfahrung nötig. Nebelfreies Wetter wichtig!

Höhenunterschiede: Bei der einfachen Route 900 Hm im Aufstieg und 550 Hm im Abstieg, bei der Überschreitung beider Gipfel jeweils 280 Hm mehr.

Höchster Punkt: Rauhhorn (2240 m), evtl. Geißhorn (2249 m).

Stützpunkte: Willersalpe (1456 m), privat, in einem Alpkessel zwischen Geißeck und Ponten gelegen, 30 Schlafplätze, Tel. 0171/9939847. Landsberger Hütte (1805 m), DAV, Sektion Landsberg, bew. Pfingsten bis Mitte Oktober, 200 Schlafplätze, Winterraum mit 16 Plätzen (offen), Tel. und Fax A-05675/6282.

Abstiegsmöglichkeit: Von der Landsberger Hütte kann man in etwa 1¼ Std. zum Vilsalpsee (Buslinie) absteigen.

Das ist ein ebenso interessanter, wie abwechslungsreicher Übergang, den in dieser Zusammensetzung nur wenige kennen. Man kann diesen Tag ganz individuell gestalten und entweder eine spannende und anspruchs-

Verbindungsgrat vom Geißeck zum Geißhorn.

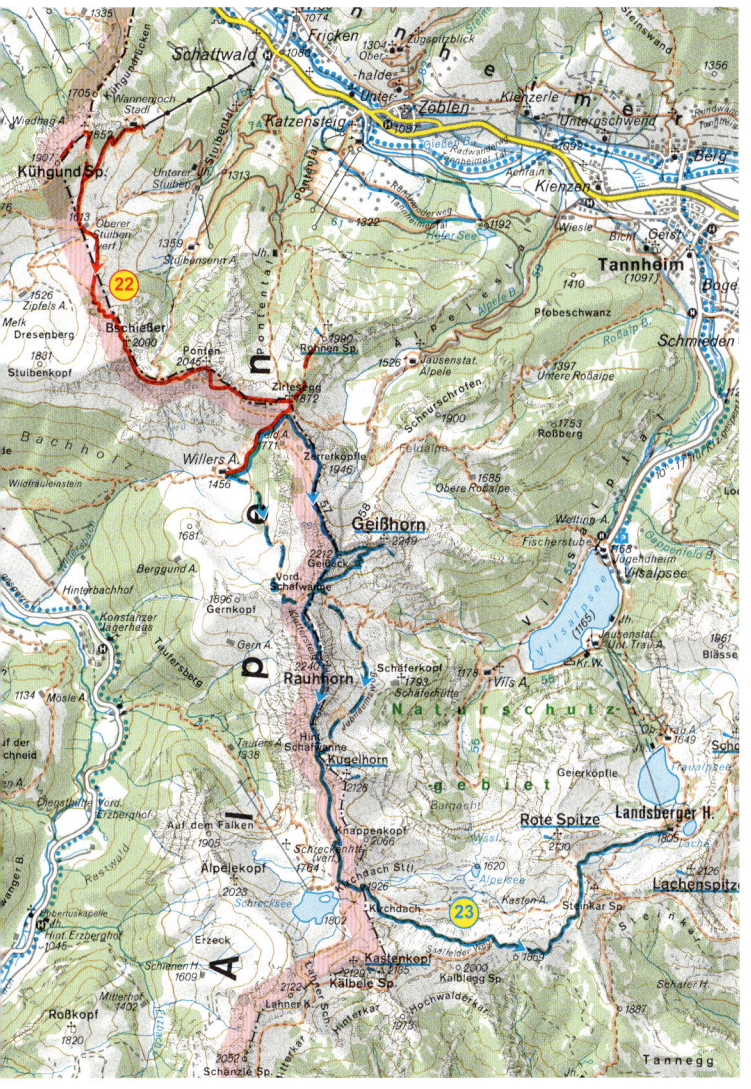

Auf der Nordseite des Rauhhorns gibt es eine kurze Felsstufe.

volle Route oder eine verhältnismäßig einfache begehen. Geißhorn und Rauhhorn heißen die beiden Hauptgipfel der Region; man lässt sie bei unserer Tour entweder links und rechts »liegen« oder überschreitet sie am Grat entlang (guter Kompromiss: Tour ohne Geiß- aber mit Rauhhorn). Dabei müsste man dann einige Schrofenpassagen überlisten – für Könner erst die richtige Würze, für andere vielleicht schon relativ anspruchsvoll.

Die »schnelle« Route: Von der Willersalpe steigt man nach Südosten über Weidehänge und teilweise steile Flanken mit Buschwerk in den Sattel der Vorderen Schafwanne (2055 m; zwischen Geiß- und Rauhhorn) an. Auf der anderen Seite geht es dann 200 Hm hinab, unter der auffallenden Rauhhorn-Ostwand nach Süden und schließlich wieder steil empor in den Sattel der Hinteren Schafwanne (1965 m).

Über die beiden großen Gipfel: In diesem Fall geht es von der Willersalpe nach Nordosten in den Köllesattel (1827 m) und dann neben und auf dem Kamm – eine Schrofenpassage mit Sicherungen – auf das Geißeck und über den kaum eingescharteten Grat hinüber zum Geißhorn (auch Gaishorn; 2249 m). Nach einem Abstieg schräg durch die Südhänge erreicht man den Sattel der Vorderen Schafwanne und steigt nun wieder auf, erst rechts des Grates auf ordentlichem Pfad, dann über einige, kurzzeitig exponierte Felsen (Drahtseile) zum Gipfel des Rauhhorns (2240 m). Dessen Südgrat zeigt einige Schrofen (einfache Kletterei, I), Geröll und Gras; auch so erreicht man den Sattel der Hinteren Schafwanne.

Weiterweg zur Landsberger Hütte: Vom Sattel der Hinteren Schafwanne (1965 m) geht es genau nach Süden quer durch die teilweise sehr steilen Hänge des Kugelhorns bis über den malerischen, meist in einem Türkisblau leuchtenden Schrecksee und noch weiter in den nahen Kirchdachsattel (1926 m). Auf der anderen Gratseite dann über Böden und Hänge hinüber nach Südosten zum Hauptkamm. Von dort auf dem Höhenweg, der vom Prinz-Luitpold-Haus kommt, nach Osten auf die Steinkarspitze zu und schließlich nach links in das Westliche Lachenjoch (1970 m), von dem aus sich die Landsberger Hütte (1805 m) rasch erreichen lässt.

Böden zwischen dem Kirchdachsattel und dem Hauptkamm mit der Kälblespitze.

24 Landsberger Hütte – Schochenspitze, 2069 m – Neunerköpfl – Tannheim

Sehr beliebter Höhenweg mit »Gegenverkehr«

Schochenspitze von Süden.

Ausgangspunkt: Landsberger Hütte (1805 m) des DAV, die man auf dem Höhenweg (→ Tour 23), oder durch einen Aufstieg auf breiten, sehr viel begangenen Wegen vom Vilsalpsee in 2¼ Std. erreicht.
Gehzeiten: Landsberger Hütte – Schochenspitze knapp 1 Std., Schochenspitze – Bergstation Tannheimer Bahn 2 Std.; Gesamtzeit 3 Std.
Anforderungen: Viel begangene Wanderwege ohne anspruchsvolle Stellen, jedoch bei Nässe ziemlich schmierig.
Höhenunterschiede: Nur relativ kurze Zwischenanstiege, insgesamt knapp 400 Hm im Auf- und Abstieg.
Höchster Punkt: Schochenspitze (2069 m), evtl. Sulzspitze (2084 m).
Stützpunkt: Landsberger Hütte (1805 m), DAV, Sektion Landsberg, bew. Pfingsten bis Mitte Oktober, 200 Schlafplätze, Winterraum mit 16 Plätzen (offen), Tel. und Fax A-05675/6282.

Wollen wir dem Titel »Rund um den Vilsalpsee« unserer Drei-Tages-Tour gerecht werden, dann kann nur der Höhenweg zum Neunerköpfl, der auf der gesamten Strecke weite und hindernislose Ausblicke bietet, den Abschluss bilden. Ein Ausflug von der Bergstation der neuen Tannheimer Bahn zur Landsberger Hütte – also unsere Tour in der anderen Richtung – gehört zum Beliebtesten im Tannheimer Tal. Man kann deshalb mit regem »Gegenverkehr« rechnen, während in der eigenen Richtung kaum einer unterwegs sein wird. Auf den Unternehmungslustigen warten zudem zwei Gipfel-Abstecher; der Aufstieg zur Schochenspitze stellt dabei nur einen »Katzensprung« dar, der Weg auf die höhere Sulzspitze ist deutlich länger, dabei werden einem eine unerwartete Stille, reicher Blumenschmuck und ein hindernisloser Rundblick serviert.

Übergang zum Neunerköpfl: Von der Landsberger Hütte wandert man nach Osten zur nahen Lache, einem malerischen Bergsee, in dem sich die Nordwand der Lachenspitze spiegelt, und steigt dann – sich links haltend – gegen das Östliche Lachenjoch an. Noch unter dem Grat biegt man immer mehr nach Norden um und gelangt durch Grasmulden auf die Ostschulter

(2020 m) der Schochenspitze. Ehrensache, zusätzlich in zehn Minuten auf diesen schönen, 2069 m hohen Berg zur steigen. Beim Weiterweg erreicht man bald die Gappenfeldscharte (1858 m) und quert, ganz bequem auf einem Sträßchen, die Hänge der Sulzspitze in die Strindenscharte. Bald danach ist man wieder auf einem Fußweg unterwegs, der mit etwas Auf und Ab durch die Weideflächen der Strindenalpe führt und schließlich den Kamm erreicht. Nun geht es ein letztes Mal quer durch die Hänge, bevor man rasch auf das Neuner-

Der Höhenweg unter dem Neunerköpfl.

köpfl (1862 m) steigt. Danach taucht man dann in den Rummel ein, den die von Tannheim heraufkommende Bergbahn auslöst mit den entsprechenden Gästen, vielen Gleitschirmfliegern, einem Restaurant … Auch wir schweben schließlich ganz gemütlich in die Tiefe zu unserem letzten Ziel, dem Ferienort Tannheim (1097 m; Buslinie nach Schattwald).

Abstecher auf die Sulzspitze (2084 m): Von der Gappenfeldscharte (1858 m, siehe oben) nur wenige Minuten auf dem Sträßchen Richtung Strindenscharte zur Abzweigung des Gipfelwegs. Auf dem Pfad schräg durch die teilweise steilen Hänge empor, der dann – recht überraschend – auf die weiträumige, nur mäßig steile Ostabdachung mündet. Auf ihr in weitem Bogen (im Frühsommer prächtige Flora) auf den überragenden Gipfel, den man nach 45 Minuten erreicht.

Hoch über dem Lechtal

Wenn überhaupt, dann kennen die Bergwanderer die Höhenroute von Hinterhornbach über das Kaufbeurer Haus und die Hermann-von-Barth-Hütte bis zur Kemptner Hütte. Kaum einer kommt jedoch auf die Idee, die Tour ganz logisch mit der Begehung des Heilbronner Wegs zur Rappenseehütte fortzusetzen. Und der wirklich großartige Abschluss dieser Durchquerung hoch über dem Lechtal – eine Überschreitung des Biberkopfs – ist in diesem Zusammenhang sogar völlig unbekannt.

Noch eine ähnliche Überlegung! Nach Hinterhornbach gibt es keine Busverbindung; da wäre eine Tour, die dort wieder endet, natürlich das Ideale. Die allgemeine Meinung: Das geht nicht! Doch die Wirklichkeit sieht anders aus – unsere Tour 30 beschreibt die entsprechende, ausgesprochen interessante, aber auch sehr lange Route. Ein Tipp: Bei einem Start in der Kemptner Hütte ist der Tag etwas weniger anstrengend (man erreicht die Hütte über Tour 27).

Die Hornbachkette

Noch ein Detail, das kaum bekannt ist: Die Hornbachkette, die das Lechtal im Norden begleitet, bildet den höchsten und eindrucksvollsten Abschnitt der gesamten Allgäuer Alpen. Hier steht eine viele Kilometer lange Reihe wilder Felsgipfel, von denen viele nahezu nie bestiegen werden. Unsere

Von rechts: Bretterspitze, Gliegerkarspitze und Sattelkarspitze von Süden.

Wege begleiten diese Kette auf zwei Drittel ihrer Länge, meist zwischen 2100 und 2300 m Höhe queren sie viele der ganz ausgeprägten Südkare. Man hat also auf der einen Seite die Felsgipfel nahe über sich, auf der anderen das Lechtal tief unter sich, hinter dem dann die gewaltigen Felszinnen der Lechtaler Alpen noch ein gutes Stück höher in den Himmel ragen. Also ein Panoramaweg der Extraklasse! Lediglich drei mit einem Weg erschlossene Gipfel gibt es in diesem Bereich; zu Bretterspitze und Großem Krottenkopf (→ Tour 25 und 27) kommt noch der Hausberg der Barthhütte, die Östliche Plattenspitze (2489 m, gut 1 Stunde Aufstieg, einige Sicherungen).

Bedingungen

Die Öffnungszeiten vor allem der Hermann-von-Barth-Hütte, also Mitte Juni bis Ende September, schreiben ganz zwangsläufig die Zeit vor, in der man diese Tour begehen kann. Da es nur wenige schattige Nordpassagen – wie an der Bretterspitze oder dem Biberkopf – gibt, beeinträchtigen die für die Allgäuer Alpen typischen Schneefelder, die sich oft bis in den Sommer halten, unsere Route trotz der großen Höhen relativ wenig. Man trifft aber immer wieder auf Steilpassagen und Schrofenzonen, die einige Trittsicherheit erfordern. Wegen des hochalpinen Geländes und der Abgelegenheit vieler Passagen wird man die meisten Abschnitte dieser Durchquerung nicht bei fraglichem Wetter begehen. Sich auf die so genannten Fluchtwege zu verlassen, ist eine etwas heikle Sache; etwa bei Tour 26 den Abstieg vom Balschtesattel an der Rotwand vorbei nach Elbigenalp in dichtem Nebel zu finden, erfordert sehr gutes Kartenmaterial und viel Erfahrung.

DIE ROUTE IM ÜBERBLICK

	Abschnitt	Stützpunkt	Gehzeit
25	Hinterhornbach – Kaufbeurer Haus – (Bretterspitze)	Kaufbeurer Haus	2½ oder 4¼ Std.
26	Kaufbeurer Haus – Balschtesattel – Hermann-von-Barth-Hütte	H.-v.-Barth-Hütte	6 Std.
27	Hermann-von-Barth-Hütte – Krottenkopfscharte – Kemptner Hütte	Kemptner Hütte	4½ Std.
28	*Alternative:* Marchscharte – Kemptner Hütte	Kemptner Hütte	4½ Std.
29	*Alternative:* Jöchlspitze – Kemptner Hütte	Kemptner Hütte	3½ Std.
30	*Alternative:* Marchscharte – Hinterhornbach		8 – 9 Std.
7+8	Heilbronnerweg zur Rappenseehütte	Rappenseehütte	6½ Std.
31	Rappenseehütte – Biberkopf – Lechleiten		4½ Std.

25 Kaufbeurer Haus und Bretterspitze, 2608 m

Unter der Königin Urbeleskarspitze

Talort: Hinterhornbach (1101 m), Bergdorf im gleichnamigen Seitental des Lechtals mit eindrucksvoller Bergkulisse. Zufahrt von Vorderhornbach 6 km auf guter Straße, keine Buslinie.

Ausgangspunkt: Von der Kirche 700 m talein und nach links über die Brücke zum Mini-Parkplatz.

Gehzeiten: Hinterhornbach – Kaufbeurer Haus 2½ Std., Kaufbeurer Haus – Bretterspitze 1¾ Std. Bretterspitze – Kaufbeurer Haus 1¼ Std.; Gesamtzeit 5½ Std. Abstieg nach Häselgehr knapp 3 Std., Gesamtzeit dann reichlich 7 Std.

Anforderungen: Bis zur Hütte Bergwege mit steilen Passagen, aber ohne Probleme. Für die Bretterspitze Trittsicherheit an einigen Schrofenstellen nötig, evtl. Schneefelder.

Höhenunterschiede: Zum Kaufbeurer Haus 900 Hm, von dort auf die Bretterspitze 600 Hm, Abstieg ins Lechtal 1600 Hm.

Höchster Punkt: Entweder Kaufbeurer Haus (2005 m) oder Bretterspitze (2608 m).

Stützpunkt: Kaufbeurer Haus (2005 m), DAV, Sektion Allgäu-Immenstadt, Selbstversorger, von Pfingsten bis Anfang Oktober an den Wochenenden bewartet, 50 Schlafplätze, Hütte sonst mit AV-Schlüssel zugängig.

Das Kaufbeurer Haus, eine Selbstversorgerhütte.

Auf der Bretterspitze, hinten der Muttekopf.

Bei unserer Durchquerung dient das sehr schön auf den Matten des Urbe-leskars gelegene Kaufbeurer Haus – eine der wenigen Selbstversorgerhüt-ten, die es in dieser Region noch gibt – vor allem als Stützpunkt für den recht lang gestreckten Enzensperger Weg zur Hermann-von-Barth-Hütte. Wem weniger Zeit zur Verfügung steht, der überschreitet vielleicht die Bret-terspitze aus dem Hornbach- ins Lechtal. Sie gehört zu den höchsten Ber-gen der gesamten Allgäuer Alpen und ist von beiden Seiten durch kleine Steige erschlossen, die allerdings zum Teil durch hochalpines Gelände füh-ren. Zum Besonderen dieser Tour gehört der Blick auf die gewaltige Urbe-leskarspitze (2632 m), die hier sozusagen allgegenwärtig ist.

Aufstieg zum Kaufbeurer Haus: Vom Mini-Parkplatz (1110 m) steigt man hinauf zum Waldrand und folgt immer dem Weg, den man nicht verfehlen kann, in vielen Kehren zum Karköpfl an der oberen Waldgrenze; trotz der Bäume gibt es immer wieder weite Ausblicke – besonders schön zeigt sich der Hochvogel. Mit einer Hangquerung erreicht man dann das Hochtal und schließlich über grüne Böden und Hänge das Kaufbeurer Haus (2005 m).

Die Bretterspitze (2608 m): Vom Haus geht es über schöne Mattenflächen sanft aufwärts ins geröllgefüllte Urbeleskar und um die Felsen der Gliegerkarspitze herum in den innersten Karwinkel, wo sich lange der Schnee hält. Nun steigt man von rechts nach links über eine steinige Stufe auf die obere Abdachung und auf eine Schulter im Nordostgrat schon ein gutes Stück oberhalb der Schwärzerscharte an. In kurzweiliger Turnerei über den Grat mit seinem festen Fels zum Kreuz und weiter auf den noch etwas höheren Gipfel. Abstieg zum Kaufbeurer Haus auf dem gleichen Weg.

Abstieg nach Häselgehr: Man kehrt zur Schulter im Nordostgrat zurück, durchquert dann auf der Südseite auf schlechtem Steig die Schrofenflanke (Sicherungen) ins Grießschartl und erreicht über eine steinige Stufe das Gliegerkar. Von der nahen Wegverzweigung geht es dann über Schutt und Gras genau nach Süden abwärts zur Geländekante. Über eine bewachsene Steilstufe steigt man nun schräg nach rechts ins Haglertal hinab und wandert dann talaus nach Häselgehr (1006 m) im Lechtal.

26 Kaufbeurer Haus – Enzensperger Weg – Balschtesattel – Hermann-von-Barth-Hütte

In der östlichen Hornbachkette

Bretterspitze mit der Aufstiegsflanke.

Ausgangspunkt: Kaufbeurer Haus (2005 m), zu erreichen wie bei Tour 25.

Gehzeiten: Kaufbeurer Haus – Luxnachersattel 3¼ Std., Luxnachersattel – Barthhütte 2¾ Std.; Gesamtzeit 6 Std.

Anforderungen: Höhenwege in teilweise hochalpiner Landschaft, einige Steilstellen, teilweise mit Schrofen (Sicherungen). Stabiles Wetter Voraussetzung.

Höhenunterschiede: Zur Schulter an der Bretterspitze 480 Hm, beim Weiterweg nochmals 450 Hm im Aufstieg. Im Abstieg insgesamt 800 Hm.

Höchster Punkt: Schulter an der Bretterspitze (2480 m).

Stützpunkte: Kaufbeurer Haus (2005 m), DAV, Sektion Allgäu-Immenstadt, Selbstversorger, von Pfingsten bis Anfang Oktober an den Wochenenden bewartet, sonst mit AV-Schlüssel zugängig, 50 Schlafplätze. Hermann-von-Barth-Hütte (2131 m), DAV, Sektion Düsseldorf, bew. Mitte Juni bis Ende September, 55 Schlafplätze, Winterraum mit 10 Plätzen (offen), Tel. und Fax A-05634/6671.

Abstiegsmöglichkeit: Auf dem üblichen Hüttenweg von der Barthhütte hinab nach Elbigenalp im Lechtal (knapp 2 Std.).

Dieser ungewöhnliche Weg führt stets in Höhen zwischen 2100 m und knapp 2500 m durch die von mächtigen Felsgipfeln geprägte Landschaft der Hornbachkette. Nach dem Felschaos an der Bretterspitze sind dann die Hochkare das Dominierende. Man wandert meist auf Mattenböden durch nicht weniger als fünf dieser Kare und genießt dabei stets faszinierende Ausblicke auf die wilde Bergwelt der Lechtaler Alpen. Es handelt sich zudem um eine recht stille Route in einer absolut ursprünglichen Landschaft. Der Weg wurde nach Professor Ernst Enzensperger benannt, einem alpinen Pionier und Spezialisten für diese Region. (→ Karte S. 86/87)

Enzensperger Weg: Vom Kaufbeurer Haus geht es über schöne Mattenflächen sanft aufwärts ins geröllgefüllte Urbeleskar und um die Felsen der Gliegerkarspitze herum in den innersten Karwinkel, wo sich lange der Schnee hält. Nun steigt man von rechts nach links über eine steinige Stufe auf die obere Abdachung und auf eine Schulter (2480 m) im Nordostgrat der Bretterspitze (2608 m, Aufstieg auf diesen Gipfel in 25 Min., → Tour 25) schon ein gutes Stück oberhalb der Schwärzerscharte. Drüben auf schlechtem Steig über die Schrofenflanke (Sicherungen) schräg hinab ins Grießschartl und über eine steinige Stufe ins Gliegerkar. Dieses Kar und die beiden folgenden werden gequert, wobei man die Felsgrate südlich umrundet, und dann geht es hinauf in eine Einschartung oberhalb des Luxnachersattels. Ähnlich ist die Fortsetzung der Route: durch die Steilhänge hinüber ins Noppenkar, auf dessen andere Seite, empor in den Balschtesattel (2226 m), wieder Querung eines recht steilen Geländes, dann lang gezogener Weg durch das sehr weiträumige Balschtekar und schließlich noch um die Felsen der Wolfebnerspitzen, bekannten Kletterbergen, zur sehr schön gelegenen Hermann-von-Barth-Hütte (2131 m).

Im Urbeleskar oberhalb des Kaufbeurer Hauses.

27 Hermann-v.-Barth-Hütte – Hermannskarsee – Krottenkopfscharte – Kemptner Hütte

Im Westteil der Hornbachkette

Ausgangspunkt: Hermann-v.-Barth-Hütte (2131 m) des DAV am Rand des Wolfebnerkars. Zugang auf dem Höhenweg vom Kaufbeurer Haus (→ Tour 26) o. Aufstieg von Elbigenalp im Lechtal in gut 3 Std.
Gehzeiten: Barthhütte – Krottenkopfscharte reichlich 2¾ Std., Krottenkopfscharte – Kemptner Hütte 1¾ Std.; Gesamtzeit 4½ Std.
Anforderungen: Typische Höhenwege mit steilen Stellen, sogar einige Schrofenpassagen mit Drahtseil, teilweise viel Geröll.
Höhenunterschiede: Mit allen Zwischenaufstiegen etwa 580 Hm im Aufstieg. 870 Hm im Abstieg.
Höchster Punkt: Krottenkopfscharte

(2359 m), evtl. Gr. Krottenkopf (2656 m).
Stützpunkt: Hermann-von-Barth-Hütte (2131 m), DAV, Sektion Düsseldorf, bew. Mitte Juni bis Ende September, 55 Schlafplätze, Winterraum mit 10 Plätzen (offen), Tel. und Fax A-05634/6671.
Kemptner Hütte (1844 m), DAV, Sektion Allgäu-Kempten, bew. Mitte Juni bis Mitte Oktober, 285 Schlafplätze, Winterraum mit 26 Plätzen (offen), Tel. 08322/700152, Fax 0170/ 2390857.
Abstiegsmöglichkeit: Vom unten erwähnten Wegkreuz auf anfangs bescheidenem Pfad durchs Rossgumpental zur Unteren Rossgumpenalpe und durch das Höhenbachtal nach Holzgau; ab Wegkreuz gut 2 Std.

Dies ist die übliche, sozusagen historische Route von der Hermann-v.-Barth-Hütte zur Kemptner Hütte. Sie gehört zu den landschaftlich besonders reizvollen Höhenwanderungen, ist doch der Blick nach Süden meist ganz frei, während der Begeher auf der anderen Seite die schroffen Felsgipfel wie Hermannskar- oder Marchspitze unmittelbar über sich hat. Zudem verbirgt sich im Hermannskar der gleichnamige, 150 m lange See, und nicht zuletzt lockt der Große Krottenkopf, der Hauptgipfel der Allgäuer Alpen. (→ Karte S. 86/87) Eine alternative Route über die Marchscharte wird als Tour 28 beschrieben.
Höhenweg über die Krottenkopfscharte: Von der Barthhütte steigend, dann querend durchs Wolf-

Großer Krottenkopf von Süden.

Kreuzkar- und Wolfebnerspitze, davor die Hermann-von-Barth-Hütte.

ebnerkar und empor auf den Südgrat (2230 m) der Ilfenspitzen. Dann führt der Weg quer durch die folgende Steilflanke zu einer Verzweigung. Auf dem linken Pfad wandert man etwa eben über die Böden des Birgerkars und steigt anschließend zum Südgrat (2320 m) der Hermannskarspitze auf. Wieder geht es quer durch eine schrofige Flanke (Sicherungen) ins Hermannskar und zu dem eindrucksvollen, gleichnamigen See im inneren Kessel. Der Steig führt nun unter den Ostwand-Felsen des Krottenkopfs nach Süden und steigt dann über eine Steilstufe in die Krottenkopfscharte (2359 m) an. Abstecher von hier auf den Gipfel des Großen Krottenkopfs (2657 m) in knapp einstündigem Aufstieg (→ Tour 9).

Der Abstieg von der Scharte beginnt mit einer hohen, von Geröll bedeckten Stufe hinab in ein kleines, von mächtigen Wänden eingefasstes Kar. Beim Wegkreuz biegt man auf den oberen Steig ein, quert die Hänge und wandert unter einer Felsfluh hindurch ins Obere Mädelejoch (2033 m). Es folgt der letzte Abstieg: durch eine Mulde nach Norden, bei der Verzweigung links und in einem Bogen hinüber zur Kemptner Hütte (1844 m).

Achtung – Weiterweg: Wer unserer Route »Hoch über dem Lechtal« weiter folgen will, begeht von der Kemptner Hütte aus den Heilbronner Weg zur Rappenseehütte, unsere Touren 7 und 8 in umgekehrter Richtung (üblicherweise ohne den Abstecher zum Waltenberger Haus; 6½ Stunden).

28 Hermann-v.-Barth-Hütte – Düsseldorfer Weg – Marchscharte – Kemptner Hütte

Alternative zu Tour 27 auf der Nordseite des Kammes

Marchspitze von Südwesten.

Ausgangspunkt: Hermann-v.-Barth-Hütte (2131 m) des DAV am Rand des Wolfebnerkars. Zugang auf dem Höhenweg vom Kaufbeurer Haus (→ Tour 26) oder Aufstieg von Elbigenalp im Lechtal in reichlich 3 Std.
Gehzeiten: Barthhütte – Marchscharte knapp 1½ Std., Marchscharte – Kemptner

Hütte 3 Std.; Gesamtzeit 4½ Std.
Anforderungen: Typische Höhenwege mit steileren Stellen, Schrofenpassagen mit Drahtseil, teilweise viel Geröll, evtl. Schneefelder. Nur bei stabilem Wetter begehen, da zwischendurch kein Abstieg möglich ist.
Höhenunterschiede: Insgesamt 560 Hm im Aufstieg, 850 Hm im Abstieg.
Höchster Punkt: Marchscharte (2416 m).
Stützpunkte: Hermann-von-Barth-Hütte (2131 m), DAV, Sektion Düsseldorf, bew. Mitte Juni bis Ende September, 55 Schlafplätze, Winterraum mit 10 Plätzen (offen), Tel. und Fax A-05634/6671.
Kemptner Hütte (1844 m), DAV, Sektion Allgäu-Kempten, bew. Mitte Juni bis Mitte Oktober, 285 Schlafplätze, Winterraum mit 26 Plätzen (offen), Tel. 08322/700152, Fax 0170/ 2390857.
Abstiegsmöglichkeit: Von der Kemptner Hütte über das Mädelejoch und durch das Höhenbachtal nach Holzgau in 2½ Std.

Diese Alternative zu unserer Tour 27 führt vom Birgerkar über die Marchscharte bis zum Sattel über dem Märzle durch sehr einsames und in seiner Ursprünglichkeit besonders faszinierendes Gebiet. Der Nahblick auf so wilde Felsgipfel wie die Marchspitze (2609 m) gehört ebenso zu diesem Weg wie die Fernblicke in vier verschiedene Richtungen. Und die besondere Überraschung sind die kilometerweiten Böden der March, die teilweise im Geröll versinken, teilweise schönste Matten bieten.
Höhenweg über die Marchscharte: Von der Hermann-v.-Barth-Hütte wandert man erst steigend, dann querend durchs Wolfebnerkar und steigt dann empor auf den Südgrat (2230 m) der Ilfenspitzen. Quer durch die folgende Steilflanke kommt man zu einer Wegverzweigung. Auf dem oberen Steig (Düsseldorfer Weg) geht es immer unter den Südgratfelsen der Ilfenspitzen in einem weiten Bogen durch das geröllreiche Birgerkar – eindrucksvoller Blick auf die Marchspit-Ostwand. Über eine Stufe erreicht man dann die Marchscharte (2416 m) mit freiem Blick nach Norden. Auf der anderen Seite des Einschnitts geht es unter den Felsen schräg nach rechts hinab in einen

kleinen, oft noch schneegefüllten Kessel und dann nach Westen unter den Nordwänden der Marchspitze über die große Geröllhalde weit hinüber auf die begrünten Flächen der March. Man folgt weiterhin der gleichen Richtung, um schließlich über eine 140 m hohe Stufe den Sattel (2201 m) über dem Märzle zu betreten, wo man auf Tour 10 trifft.

Die letzten Wegabschnitte: auf den nordseitigen Halden unter den bizarren Zacken der Krottenspitzen auf einen Vorsprung und hinüber in den Fürschießersattel (2208 m), wo das Tagesziel schon sichtbar wird. Man muss jedoch noch in weitem Bogen den obersten Teil des Sperrbachtals umrunden, um die Kemptner Hütte (1844 m) zu erreichen.

Achtung – Weiterweg: Wer der Route »Hoch über dem Lechtal« weiter folgen will, begeht von der Kemptner Hütte aus den Heilbronner Weg zur Rappenseehütte, unsere Routen 7 und 8 in umgekehrter Richtung (üblicherweise ohne den Abstecher zum Waltenberger Haus; 6½ Stunden).

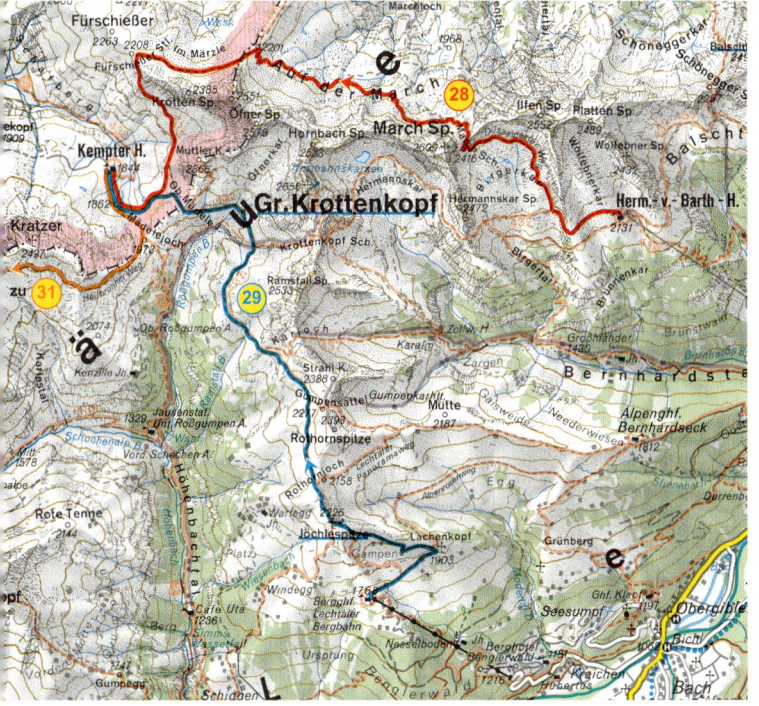

29 Bach – Jöchelspitze, 2226 m – Mädelejoch – Kemptner Hütte

Zugang für eine Drei-Tages-Tour

Talort: Bach (1062 m), Ferienort im mittleren Lechtal. Zufahrt von Reutte mit Pkw oder Bus auf guten Straßen.

Ausgangspunkt: In Bach über die Lechbrücke nach Norden, dann sofort links und in Serpentinen hinauf zur Talstation des Jöchelspitz-Liftes. Fahrt zur Bergstation (1755 m).

Gehzeiten: Bergstation – Jöchelspitze 1½ Std., Jöchelspitze – Kemptner Hütte reichlich 2 Std.; Gesamtzeit gut 3½ Std.

Anforderungen: Bergwege ohne schwierige Stellen in stets freiem Gelände, einige steile Abschnitte, bei Nässe schmierig.

Höhenunterschiede: Auf die Jöchelspitze 470 Hm, bei den Zwischenanstiegen auf dem Höhenweg zusätzlich 150 Hm im Aufstieg. Insgesamt 530 Hm im Abstieg.

Höchster Punkt: Jöchelspitze (2226 m).

Stützpunkt: Kemptner Hütte (1844 m), DAV, Sektion Allgäu-Kempten, bew. Mitte Juni bis Mitte Oktober, 285 Schlafplätze, Winterraum mit 26 Plätzen (offen), Tel. 08322/700152, Fax 0170/ 2390857.

Abstiegsmöglichkeit: Vom unten erwähnten Wegkreuz auf anfangs bescheidenem Pfad durchs Rossgumpental zur Unteren Rossgumpenalpe und durch das Höhenbachtal nach Holzgau; ab Wegkreuz gut 2 Std.

Wer nur einen Teil unserer außergewöhnlichen Route hoch über dem Lechtal begehen will, findet hier einen idealen »Einstieg« zu einer Drei-Tages-Tour. Die Jöchelspitze begeistert ebenso als Blumenberg wie als Aussichtskanzel hoch über dem Lech und mit faszinierendem Blick auf die wilden Gipfel der Lechtaler Alpen. Man kann diese Route gut mit einer Besteigung des Großen Krottenkopfs aufpolieren. Begeht man am folgenden Tag den Heilbronner Weg (→ Tour 7 + 8) und überschreitet als Finale den Biberkopf (→ Tour 31), dann hat man eine der eindrucksvollsten Touren der Allgäuer Alpen kennen gelernt. (→ Karte S. 93)

Höhenweg über das Mädelejoch: Von der Bergstation steigt man auf breitem, erdigem Weg immer schräg rechts – teilweise steil – empor durch die Hänge mit herrlich blühenden Matten zum Ostrücken der Jöchelspitze etwas oberhalb des unauffälligen Lachenkopfs. Dann auf und neben dem erst weiträumigen, dann steil ansteigenden Grat zum Gipfelkreuz (2226 m). Über den ausgeprägten Nordgrat geht es von dort hinab ins nahe Rothornjoch (2158 m) und auf dem Höhenweg mit etwas Auf und Ab durch die Westflanke des Rothorns zu einer kleinen Kuppe im Gelände. Weiterhin quert man die Flanken unter Strahlkopf, Karjoch und der Ramstallspitze zu einer Geländeecke; man ist dabei stets hoch über dem Höhenbachtal unterwegs und genießt hindernislose Ausblicke. Dann über schöne Böden sanft abwärts in das Kar (2070 m) am Fuß der gewaltigen Wände des Großen Krottenkopfs (2657 m). Dieser Hauptgipfel der Allgäuer Alpen lässt sich von hier aus in gut 1½ Stunden besteigen (→ Tour 9). Beim Wegkreuz ganz kurz nach links, dann auf dem oberen Steig quer durch die Hänge und unter

Von der Jöchelspitze zur Hütte, hinten die Freispitze.

einer Felsfluh entlang ins Obere Mädelejoch (2033 m). Das letzte Weg-stück: drüben durch eine Mulde hinab, bei der Verzweigung links und in ei-nem Bogen hinüber zur Kemptner Hütte (1844 m).

30 H.-v.-Barth-Hütte – Marchscharte – Rauheck, 2384 m – Kanzberg – Hinterhornbach

Außergewöhnliche Rückkehr nach Hinterhornbach

Ausgangspunkt: Hermann-v.-Barth-Hütte (2131 m) des DAV am Rand des Wolfebnerkars. Zugang auf dem Enzenspergerweg vom Kaufbeurer Haus (→ Tour 25) oder Aufstieg von Elbigenalp im Lechtal in reichlich 3 Std.

Gehzeiten: Barthhütte – Marchscharte knapp 1½ Std., Marchscharte – Rauheck gut 2½ Std., Rauheck – Hornbachjoch knapp 2 Std., Hornbachjoch – Hinterhornbach 2½ Std.; Gesamtzeit 8 bis 9 Std.

Anforderungen: Typische Höhenwege mit steileren Stellen und ein paar Schrofenpassagen, teilweise viel Geröll, evtl. Schneefelder, zum Teil auch Grasgelände, deshalb bei Nässe schmierig. Am Kanzberg nur kleine Steige. Nur bei stabilem Wetter begehen, da zwischendurch allenfalls ein Abstieg ins Gebiet von Oberstdorf (über Gerstruben) möglich wäre.

Höhenunterschiede: Auf die Marchscharte 330 Hm, bis zum Rauheck insgesamt 800 Hm, gesamte Tour 1230 Hm im Aufstieg. Insgesamt 2230 Hm im Abstieg.

Höchste Punkte: Marchscharte (2416 m) und Rauheck (2384 m).

Stützpunkt: Hermann-von-Barth-Hütte (2131 m), DAV, Sektion Düsseldorf, bew. Mitte Juni bis Ende September, 55 Schlafplätze, Winterraum mit 10 Plätzen (offen), Tel. und Fax A-05634/6671. Auf dem gesamten Weg keine Einkehrmöglichkeit.

Wer seine Route in Hinterhornbach begonnen hat, wird sie auch gerne dort wieder beenden. Das erlaubt die hier vorgeschlagene, ebenso unbekannte, wie eindrucksvolle Möglichkeit. Überschreitet man auch den Kanzberg, was wegen der einmaligen Ausblicke auf Hochvogel und Hornbachkette viel Spaß macht, so wird dieser Tag lang und ereignisreich. Ein direkter Abstieg vom Hornbachjoch durchs Jochbachtal verkürzt die Gehzeit deutlich. (→ Karte S. 86)

Die Höhenroute: Von der Hermann-v.-Barth-Hütte folgt man der Tour 28 über die Marchscharte (2416 m) zum Sattel (2201 m) über dem Märzle im Allgäuer Hauptkamm. Nun geht es weiter stets auf dem üblichen Höhenweg (→ Tour 10) über den lang gestreckten Grat auf das Kreuzeck (2376 m) und auf der begrünten Schneide hinüber zum Rauheck (2384 m). Über dessen Nordwestrücken erfolgt der Ab-

Gratabstieg vom Rauheck bei sommerlichem Neuschnee.

Westwand des Kleinen Wilden.

stieg zu einer Schulter mit Wegverzweigung, von der es rechts hinab in die Flanke und zum Eissee (1827 m) geht. Beim Weiterweg quert man teilweise steile Hänge bis in den innersten Karwinkel mit einem Bacheinschnitt (1760 m) unter den Wänden des Kleinen Wilden. Dort vom Hauptweg ab und meist auf Geröll wieder empor, auf die wilden Zacken der Höllhörner zu und unter ihnen nach rechts ins Hornbachjoch (2020 m).

Von dort kann man direkt absteigen: Nach Osten auf ordentlichem, aber oft steinigem Pfad in vielen Kehren über die Halden hinab in einen recht urtümlichen Bergwinkel und dann durch das lang gestreckte Jochbachtal nach Hinterhornbach (1101 m).

Viel schöner ist jedoch folgende Route (1 Std. mehr): vom Joch kurz nach Süden empor, dann links schräg durch den Hang auf den Ostrücken (2130 m) der Jochspitze. Dieser 2232 m hohe Gipfel lässt sich bei einem Abstecher in 20 Minuten auf einem Steiglein erreichen. Der Weiterweg nach Osten: eine felsige Stelle südlich umgehen (Trittsicherheit nötig), dann auf dem sehr lang gestreckten Rücken mit hindernislosen Ausblicken mit etwas Auf und Ab zum auffallend weiträumigen Kanzberg (2009 m). Dann durch dessen erst ziemlich freie und sanfte, bald jedoch steile und bewaldete Flanke immer schräg abwärts nach Hinterhornbach.

31 Rappenseehütte – Biberkopf, 2599 m – Lechleiten

Großes Finale: vom Rappensee ins Gebiet von Warth

Am Hochrappenkopf gegen den Biberkopf.

Ausgangspunkt: Rappenseehütte (2091 m) des DAV. Zugang von der Kemptner Hütte wie bei Tour 7 und 8, jedoch in umgekehrter Richtung und ohne Abstecher zum Waltenbergerhaus. Aufstieg von Lechleiten über Biberalpen und Mutzentobel 2½ Std.
Gehzeiten: Rappenseehütte – Biberkopf 2½ Std., Biberkopf – Lechleiten gut 2 Std.; Gesamtzeit 4½ Std.
Anforderungen: Steige in teilweise felsigem Gelände mit Sicherungen, Trittsicherheit und zuverlässiges Wetter notwendig.
Höhenunterschiede: 600 Hm Aufstieg zum Biberkopf, 1150 Hm im Abstieg.
Höchster Punkt: Biberkopf (2599 m).
Stützpunkt: Rappenseehütte (2091 m), DAV, Sektion Allgäu-Kempten, bew. Mitte Juni bis Mitte Oktober, 342 Schlafplätze, Winterraum mit 30 Plätzen (offen), Tel. 08322/700155, Fax 0171/2631250.

Der südlichste Berg Deutschlands zeigt sich vor allem von Südwesten, etwa aus dem Gebiet von Warth, als wirklich eleganter Felsberg mit schönen Plattentafeln. Die Überschreitung dieser mächtigen Zinne ist ein krönender Abschluss unserer Durchquerung hoch über dem Lechtal. Wer den Biberkopf für sich alleine besteigen will, wird von Lechleiten an den Biberalpen vorbei die berühmte Rappenseehütte ansteuern, um dann wie hier beschrieben den Berg zu überschreiten.

Aufstieg zum Biberkopf (2599 m): Von der Hütte zur nahen Verzweigung über dem See. Hier schlägt man den rechten Weg ein und erreicht unter den Felsen des Rappenseekopfs hindurch und über geröllreiche Hänge die Hochrappenscharte (2234 m). Von dort könnte man in 15 Minuten auf einem Steiglein den Nördlichen Hochrappenkopf (2423 m) besteigen. Von der Scharte quert man dann auf steiniger Fläche Richtung Südwesten unter dem Hochrappenkopf entlang zu dessen Südwestgrat. Einen Kopf umgeht man zur nächste Scharte (2320 m), steigt dann über die Geröllhalde nach Westen 80 Hm hinab, bis man nach links den tiefsten Fels umgehen kann. Die Nordflanke des Biberkopfs, die aus viel Geröll und Schrofen besteht (bis tief ins Jahr auch Schneefelder), ermöglicht dann einen Diagonal-Aufstieg zum obersten Westgrat. Den steilen Gipfelaufschwung erklettert man schließlich über Wändchen und durch Rinnen (I) und kommt so zum Kreuz auf dem höchsten Punkt.

Abstieg nach Lechleiten: Über den felsigen Westgrat wieder hinab auf den flacheren Mittelteil, dann die steileren Stellen auf Bändern (Leiter und Drahtseil) nördlich und südlich des Grates umgehend zum Beginn des Grasgeländes. Im Zickzack über die sehr steilen Hänge hinunter in eine Mulde mit Blöcken. Weiter zu einem Aussichtspunkt, dann zwischen Latschen und durch eine Rinne hinab zu den Bauernwiesen und über sie nach Lechleiten. Bushaltestelle 100 Hm tiefer.

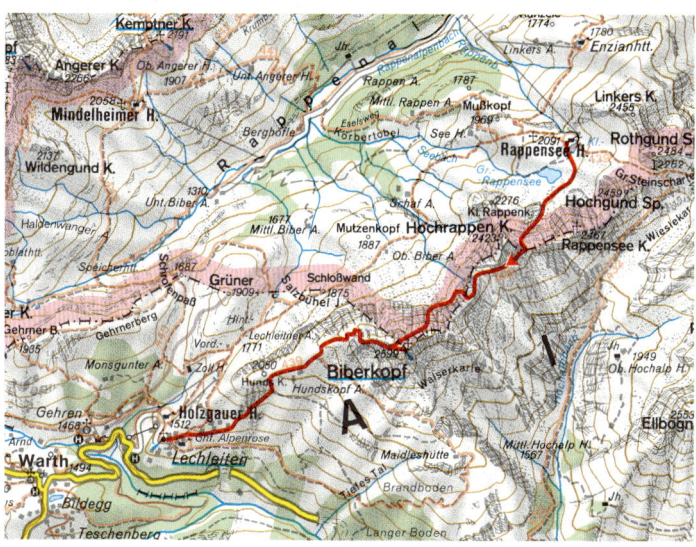

Um das innere Kleinwalsertal –
Durch die Allgäuer Voralpen nach Riezlern

Diese beiden Höhenrouten lassen sich zu einer Tour zusammenfassen. Am Ende der Route 40 steht ein Hinweis, wie man die Unternehmen im Bereich des Hohen Ifen verbinden kann. Für die Strecke Rohrmoos – Untere Gottesackerwand – Windecksattel – »Bergadler« – Hoher Ifen – Schwarzwasserhütte braucht man jedoch etwa 9 Stunden.

Um das innere Kleinwalsertal

Trotz der außergewöhnlichen Vielfalt ist die Tour in dieser Zusammenstellung kaum bekannt. Das liegt auch daran, dass hier keine berühmten Hütten als Stützpunkte besucht werden. Man ist mehr im »Stillen und Intimen« unterwegs. Für Abwechslung sorgt vor allem die geologische Mannigfaltigkeit: Am Ifen und auf dem Gemstel-Koblat ist man im Karst unterwegs, das Gebiet von Grünhorn und Güntlespitze und einiges andere zeigt das typische Allgäuer Steilgras, und Widderstein, Geißhorn usw. sind Vertreter der großen Felsberge aus Hauptdolomit.

Bedingungen
Auch diese Rundtour verläuft natürlich auf Bergwegen, die immer ordentlich angelegt sind. Alpine Erfahrung erfordern nur zwei Passagen – der Süd-

Blick ins Wildental mit Kemptnerköpfle (Tour 35).

Im Bärgunttal mit Weißem Schrofen (Tour 34).

grat des Hochstarzel und ein Aufstieg auf den Widderstein, die man jedoch beide meiden kann. Zum Teil handelt es sich aber um nicht ganz so bekannte und beliebte Routen (etwa der Grat zur Güntlespitze, Tour 33), und dann sind Beschilderung und Markierungen manchmal nicht so perfekt, wie man das gewöhnt ist. Bei Bergen dieser Höhe macht sich eine »Allgäuer Spezialität« besonders bemerkbar: Bei Nässe werden die Wege recht rutschig. Zwei Routen sollte man bei Nebel oder der Gefahr von Nebel nicht begehen: den Grat vom Starzeljoch zur Güntlespitze (→ Tour 33), dann besser Abstieg durchs Turatal; und von der Widdersteinhütte über das Koblat zur Mindelheimer Hütte (→ Tour 35), dann besser Abstieg durchs Gemsteltal.

DIE ROUTE IM ÜBERBLICK

	Abschnitt	Stützpunkt	Gehzeit
32	Auenhütte – Hoher Ifen – Schwarz-wasserhütte	Schwarzwasserhütte	3½ Std.
33	Schwarzwasserhütte – Güntlespitze – Baad	Ghs. in Baad	knapp 5 Std.
	Alternative: Grünhorn – Turatal	Ghs. in Baad	2¾ Std.
34	Baad – Bärgunt – Widdersteinhütte	Widdersteinhütte	gut 3 Std.
35	Widdersteinhütte – Mindelheimer H. – Bödmen		4½ Std.

Durch die Allgäuer Voralpen nach Riezlern

Diese vom Autor zusammengestellte Durchquerung der Allgäuer Voralpen von Norden nach Süden hinterlässt ganz andere Eindrücke als die übrigen Bergfahrten in unserem Band. Natürlich sind hier die Gipfel viel niedriger als im hohen Teil des Gebirges, Alpweiden und Wald gehören bei jeder Etappe zu den Begleitern. Trotzdem wird nie Langeweile aufkommen, denn auch die Berge dieser Höhe zeigen fast alle recht markante Formen wie etwa der Besler, dieses Felskastell über dem Riedbergpass, oder die Gottesacker-wände. Zusätzlichen Reiz bekommt diese Tour durch die Möglichkeit, nicht weniger als fünfzehn Gipfel zu besteigen! Ungewohnt (aber oft gemütlicher) sind zudem die Übernachtungen in Gasthöfen im Tal. Das Unternehmen könnte man als Individualisten-Route mit reicher Abwechslung, vielen Ausblicken und begeisternder Flora einstufen, geeignet für die Stillen und die Genießer.

Bedingungen
Selbst diese Route erfordert vom Bergwanderer einige alpine Erfahrung. So gibt es in der Nagelfluhkette Passagen, die etwas Trittsicherheit verlangen

Besler-Nordflanke mit dem kurzen Klettersteig (Tour 39).

Gottesackerwände über dem Mahdtal (Tour 40).

(besonders bei Nässe), außerdem braucht man Sorgfalt bei der Orientierung, um stets die richtigen Abzweigungen etc. etwa auf den Alpweiden zu finden. Diese Tour lässt sich bereits früh im Jahr (etwa ab Pfingsten) und noch relativ spät im Herbst anpacken. Zumindest bei den Gasthäusern auf Grasgehren und im Rohrmoos sollte man sich unbedingt anmelden (keine Alternativen in der Nähe).

	DIE ROUTE IM ÜBERBLICK		
	Abschnitt	**Stützpunkt**	**Gehzeit**
36	Steibis – Eineguntkopf – Staufner Haus	Staufner Haus	4½ Std.
37	Staufner Haus – Nagelfluhkette – Gunzesried-Säge	Ghs. in der Säge	6½ Std.
38	Gunzesried-Säge – Riedbergerhorn – Grasgehren	Ghs. Grasgehren	gut 4 Std.
	Alternative: Große Hörnertour	Ghs. Grasgehren	6 Std.
39	Grasgehren – Besler – Rohrmoos	Ghs. Rohrmoos	3 Std.
40	Rohrmoos – Unt. Gottesackerwand – Mahdtalhaus	Mahdtalhaus	knapp 4 Std.
	Alternative: Hörnlepass – Schwende		2¼ Std.

32 Auenhütte – Hoher Ifen, 2230 m – Schwarzwasserhütte

Im Karstgebiet der Allgäuer Alpen

Talort: Riezlern (1086 m), bekannter und beliebter Ferienort im Kleinwalsertal, von Oberstdorf auf breiter Straße (11 km) mit Pkw oder Bus zu erreichen.

Ausgangspunkt: Von Riezlern auf kleiner, aber ordentlicher Bergstraße im Schwarzwassertal zur Auenhütte (1273 m, großer gebührenpflichtiger Parkplatz, auch Buslinie). Bergfahrt mit dem Sessellift.

Gehzeiten: Bergstation – Hoher Ifen knapp 2 Std., Hoher Ifen – Schwarzwasserhütte knapp 1½ Std.; Gesamtzeit 3½ Std.

Anforderungen: Viel begangene Bergwege, zwei Steilstufen mit Drahtseilen, die etwas Trittsicherheit erfordern.

Höhenunterschiede: Auf den Hohen Ifen 650 Hm, beim Weiterweg noch 80 Hm im Aufstieg. 690 Hm im Abstieg.

Höchster Punkt: Hoher Ifen (2230 m).

Stützpunkt: Schwarzwasserhütte (1620 m), DAV, Sektion Schwaben (Stuttgart), bew. Pfingsten bis Mitte Oktober, 71 Schlafplätze, Tel. A-05517/30210.

Abstiegsmöglichkeit: Von der Schwarzwasserhütte auf lang gestreckten Wanderwegen über die Galtöde zurück zur Auenhütte im Schwarzwassertal (gut 1 Std.).

Der Hohe Ifen gehört zu den unverwechselbaren Bergen; er bildet ein schräges Pult, das rundum mit sehr steilen Felsfluhen, der Ifenmauer, abbricht. Hier ist alles interessant: das Aussehen des Berges, der spannende Aufstiegsweg mit seiner felsdurchsetzten Steilstufe und der hindernislose Rundblick mit den großen Allgäubergen, den Gipfeln des Lechquellengebirges, dem Säntis … Besonders faszinierend aber ist der Tiefblick auf den Gottesacker, wie dieses kilometerweite, teilweise ganz »nackte« Karstplateau sehr bildlich genannt wird. Man kann dann vom Gipfel nach Süden absteigen und über weite, aber stark gegliederte Mattenflächen die Schwarzwasserhütte erreichen.

Ifenmauer vom Aufstieg in der Ifenmulde.

Auf dem Hohen Ifen.

Auf den Hohen Ifen (2230 m): Von der Bergstation des Lifts steuert man den ganz nahen Berggasthof Ifenhütte (1586 m) an und steigt dann dahinter über die Weideflächen zu einem begrünten Kamm empor, der parallel zur glatten Ifenmauer nach Nordwesten zieht. Der Weg verläuft auf dem Kamm und führt dann links an ihm entlang. Es geht dann ein paar Meter hinab in die trümmergefüllte Ifenmulde und drüben über die große Geröllhalde zu den Felsen empor. Jetzt wird es spannend: in dem etwas ausgesetzten Gelände mit einem auffallenden Felstor und einigen Schrofen (Sicherungen) zur Oberkante der Ifenmauer, wo man unerwartet auf eine sanfte Wiese kommt. Auf ihr wandert man zum Gipfel empor, der wie ein Schiffsbug vorspringt und nach Norden senkrecht abbricht.

Zur Schwarzwasserhütte: Vom Gipfel des Hohen Ifen geht es auf dem Aufstiegsweg kurz wieder zurück, bei der Verzweigung dann jedoch genau nach Süden über Gras abwärts zur Bresche in der Ifenmauer. Ein Drahtseil hilft bei dem steilen Abstieg, dann führt der Pfad schräg rechts über riesige Geröllflächen und zwischen zerborstenen Türmchen hinab in eine Grasmulde. Mit etwas Auf und Ab wandert man über die gegliederten Weideflächen an der Ifersguntenalpe vorbei nach Süden, dann quert man mehrere Gräben und erreicht bald die Schwarzwasserhütte (1620 m), die zwischen saftig grünen Alpflächen liegt.

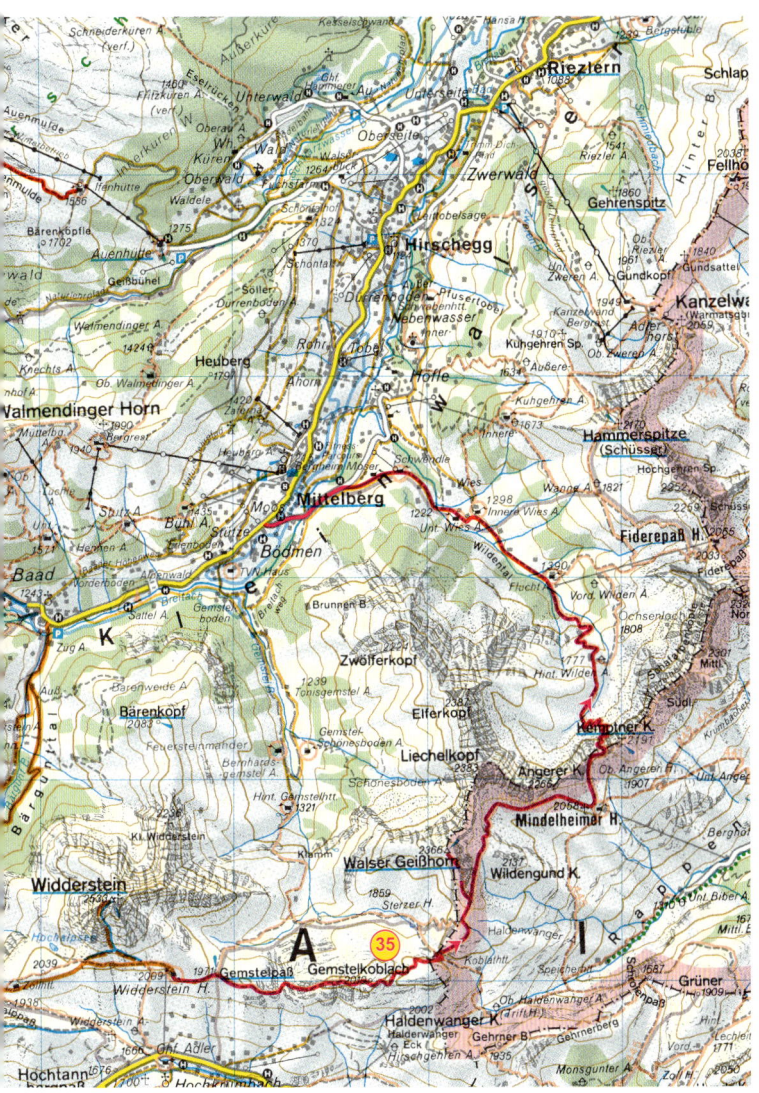

33 Schwarzwasserhütte – Grünhorn, 2039 m – (Güntlespitze, 2092 m) – Baad

Zwei sehr unterschiedliche Routen nach Baad

Ausgangspunkt: Schwarzwasserhütte (1620 m), DAV, die man auf unserer Tour 32 über den Hohen Ifen oder direkt von der Auenhütte im Schwarzwassertal (Zufahrt von Riezlern im Kleinwalsertal) in 1½ Std. erreicht.

Gehzeiten: Schwarzwasserhütte – Grünhorn 1¼ Std., Grünhorn – Baad knapp 1½ Std.; Gesamtzeit 2¾ Std.
Mit Gratwanderung: Schwarzwasserhütte – Grünhorn 1¼ Std., Grünhorn – Güntlespitze 2 Std., Güntlespitze – Baad reichlich 1½ Std.; Gesamtzeit knapp 5 Std.

Anforderungen: Bergwege bei der kleineren Tour, bei Nässe allenfalls rutschig (reines Grasgelände). Bei der ausgesetzten Überschreitung des Hochstarzel jedoch Trittsicherheit unbedingt nötig.

Höhenunterschiede: 420 Hm Aufstieg bis zum Grünhorn, 800 Hm im Abstieg. Zur Güntlespitze zusätzlich 400 Hm im Auf- und Abstieg.

Höchster Punkt: Grünhorn (2039 m), evtl. Güntlespitze (2092 m).

Stützpunkte: Schwarzwasserhütte (1620 m), DAV, Sektion Schwaben (Stuttgart), bew. Pfingsten bis Mitte Oktober und in der Skisaison, 71 Schlafplätze, Tel. A-05517/30210. In Baad mehrere Gasthöfe.

An diesem Tag fällt der außergewöhnliche Blumenreichtum am meisten auf, ist man doch mitten in den Allgäuer Grasbergen unterwegs; die Tour eignet sich also besser für den Frühsommer als für den Herbst. Man kann es sich ganz gemütlich machen, das Grünhorn, eine ideale Aussichtskanzel, be-

steigen und gemächlich hinab nach Baad wandern, dem letzten Ort im inneren Kleinwalsertal. Oder man folgt für knapp drei Kilometer dem höchsten, stets üppig begrünten Kamm, der trotz des Grases für aufregende Passagen sorgt, schnürt er sich doch am Hochstarzel (dessen Name und Höhe auf den Karten vergessen wurde) zu einer schmalen, ausgesetzten Schneide zusammen. (→ Karte S. 106/107)

Auf das Grünhorn (2039 m): Von der Schwarzwasserhütte geht es über die Weideböden nach Süden an den Bergfuß und dann schräg links aufwärts über den steilen, von

Mähwiesen bei Baad im Kleinwalsertal.

Widdersteinalpe und Kleine Widdersteine im Bärgunt (siehe Tour 34).

Buschwerk überwucherten Hang in die Ochsenhoferscharte (1851 m). Der Weiterweg führt von dort nach Westen über den anfangs flachen Kamm, dann jedoch recht steil über die Grashänge auf das Grünhorn.

Durchs Turatal nach Baad: Vom Grünhorn wandert man über den schönen Grat nach Südosten ins Starzeljoch (1867 m) hinunter, biegt dort nach links ab, um über die Weidehänge die gleichnamigen Alpen zu erreichen. Eine mit Buschwerk überwucherte Stufe ermöglicht den Abstieg ins Turatal, in dem der Weg immer nördlich ein gutes Stück über dem Bach talaus nach Baad (1244 m) führt.

Gratroute zur Güntlespitze und Abstieg: Vom Grünhorn über den oben erwähnten Grat hinab ins Starzeljoch (1867 m) und stets weiter auf der ausgeprägten Schneide inmitten dichter Vegetation über flache Passagen und zwei Stufen auf den Hochstarzel (1974 m). Von dort balanciert man über den messerscharfen Grat (Hanfseile) zum Südgipfel (1945 m). Bequem geht es dann hinab ins Derrenjoch (1885 m), über Böden in die Mulde am Fuß des Nord-(Haupt-)gipfels und schließlich wieder steil über die linke Graskante zum höchsten Punkt der Güntlespitze (2092 m).

Abstieg: zurück ins Derrenjoch und nach rechts zur nahen Derrenalpe. Hier wieder links, über die Geländekante, dann schräg hinab ins folgende Weide-Hochtal und an den Spitalalpen vorbei, später in steilem Grasgelände, hinab ins Derrental und nach Baad.

34 Baad – Bärgunt – (Widderstein, 2533 m) – Widdersteinhütte

Im Reich des gewaltigen Widdersteins

Talort: Baad (1244 m), letztes Dorf im dort engen Kleinwalsertal. 4 km von Mittelberg, auch Buslinie.
Ausgangspunkt: Großer Parkplatz (1220 m) unter dem Ort.
Gehzeiten: Baad – Bärgunthütte ¾ Std., Bärgunthütte – Widdersteinhütte 2¼ Std.; Gesamtzeit 3 Std. Auf den Widderstein zusätzlich 1½ Std. Aufstieg.
Anforderungen: Bis zur Hütte Bergwege ohne schwierige Stellen, doch bei Nässe rutschig. Route zum Widderstein mit Schrofengelände, deshalb trotz des Steig-

leins einfache Kletterei (I).
Höhenunterschiede: 840 Hm Aufstieg zur Hütte, auf den Widderstein zusätzlich 530 Hm im Auf- und Abstieg.
Höchster Punkt: Südhang des Widdersteins (2030 m), evtl. Widderstein (2533 m).
Stützpunkt: Widdersteinhütte (2009 m), privat, 28 Schlafplätze, bew. Pfingsten bis Mitte Oktober, Tel. A-0664/3912524.
Abstiegsmöglichkeit: Von der Hütte in 1¾ Std. durchs Gemsteltal nach Bödmen im Kleinerwalsertal oder zum Hochtannbergpass in 25 Min.

Auf der Südostseite des gewaltigen, das gesamte innere Kleinwalsertal beherrschenden Widdersteins (2533 m) liegt eine kleine, private Hütte. Sie bildet den idealen Stützpunkt bei unserer Rundtour. Der Zugangsweg durchs Bärgunt bietet viel Abwechslung, der Blick von der Hütte ist dann frei und weit, und außerdem wird alle Erfahrenen, die auch Freude an einer leichten Schrofenkletterei haben, der Gipfelanstieg zum Widderstein mit seinen bis zu 500 m hohen Wänden locken. (→ Karte S. 106/107)

Widdersteinhütte am Fuß des Widdersteins.

Widderstein; durch die Steilmulde führt der Anstieg.

Durchs Bärgunttal zur Hütte: Gleich beim Parkplatz über die Breitachbrücke und auf dem Alpsträßchen links des Bärguntbachs zwischen Bäumen talein zur Verzweigung. Nun folgt man entweder dem linken Weg – viel aussichtsreicher, aber etwas länger – auf freien Weideflächen an den Widdersteinalpen vorbei zur Bärgunthütte (1394 m, 40 Minuten) oder man bleibt immer im Bachtal und gelangt auf direktem Weg zum Ziel. Über eine Wiese erreicht man den nahen Waldrand. Zwischen Bäumen und Buschwerk geht es über dem Bärguntbach talein, dann über eine hohe Stufe zu einem Boden mit schönen hellen Felsen darüber. Von rechts nach links überwindet man eine weitere Stufe und kommt in den üppig bewachsenen Kessel am Nordfuß des Höferbergs. Der Steig führt in einem Bogen weiter bergauf bis zu einer Verzweigung kurz vor dem Hochalppass. Nun auf dem oberen Steig an der Kuppe des Seekopfs vorbei in den folgenden Sattel – links etwas tiefer der Hochalpsee, über dem die Widderstein-Westwand aufragt. Schließlich quert man noch die Hänge zur Widdersteinhütte (2009 m).
Auf den Widderstein (2533 m): Vom Sattel nahe dem Hochalpsee auf dem oberen Steig gegen die Felsen empor und zum Beginn der Südschlucht. In ihr und daneben weiter empor, dann im großen Schrofentrichter auf markierten Steigspuren über Geröll und viele kleine Felsstufen weit hinauf. Schließlich nach links zum Südwestgrat und auf bzw. südlich neben ihm zum alles überragenden Gipfel des Widdersteins.

35 Widdersteinhütte – Koblat – (Geißhorn, 2366 m) – Mindelheimer Hütte – Wildental

Stille Höhenwanderung und Abstieg ins Kleinwalsertal

Mindelheimer Hütte und Hohes Licht.

Ausgangspunkt: Widdersteinhütte (2009 m), die man von Baad auf unserer Tour 34 erreicht, ein Anstieg vom Hochtannbergpass (1675 m) dauert eine knappe Stunde.

Gehzeiten: Widdersteinhütte – Mindelheimer Hütte knapp 2½ Std., Mindelheimer Hütte – Bödmen 2 Std.; Gesamtzeit 4½ Std. Abstecher auf das Geißhorn zusätzlich 50 Min. Aufstieg.

Anforderungen: Teilweise etwas kleinere, wenig begangene Bergwege, aber ohne anspruchsvolle Stellen.

Höhenunterschiede: Insgesamt 480 Hm im Aufstieg und 1290 Hm im Abstieg. Auf das Geißhorn zusätzlich 250 Hm im Auf- und Abstieg.

Höchste Punkte: Kemptnerscharte (2108 m), evtl. Geißhorn (2366 m).

Stützpunkte: Widdersteinhütte (2009 m), privat, 28 Schlafplätze, bew. Pfingsten bis Mitte Oktober, Tel. A-0664/3912524.

Mindelheimer Hütte (2058 m), DAV, Sektion Mindelheim, bew. Mitte Juni bis Mitte Oktober, 150 Schlafplätze, Winterraum mit 12 Plätzen (mit AV-Schlüssel zugängig), Tel. 08378/7237, Fax 7238 oder Tel. 08322/700153.

Auch wenn diese Tour wenig bekannt ist, gehört sie dennoch zum Schönsten in unserem Büchlein. Es ist ein ungewöhnlicher Gang über die steinige Hochfläche des Koblat, außerdem begleiten den Bergwanderer auf der gesamten Höhenwegstrecke stets die schönsten Ausblicke. Die Mindelheimer

Hütte lädt dann noch zu ausgiebiger Brotzeit ein, bevor man den ziemlich langen Abstieg anpackt. Man kann natürlich auch die Tour nach einer Nacht in der Hütte mit dem Mindelheimer Klettersteig (→ Tour 4) oder dem Übergang zur Rappenseehütte (→ Tour 5) fortsetzen. (→ Karte S. 106/107)

Der Höhenweg: Von der Widdersteinhütte erreicht man gegen Osten rasch den Gemstelpass (1971 m, dir. Abstieg ins Kleinwalsertal knapp 2 Std.). Dann geht es südlich an drei Köpfchen vorbei ins Schärtle (1936 m), weiter in der interessanten Karstlandschaft des Gemstel-Koblats über den höchsten Kamm und schräg hinüber in den Koblatsattel (1982 m), den letzten Einschnitt vor dem Geißhorn. Etwas östlich ausholend führt der Weg über die hier noch weiten Flächen, dann steigt man zum Bergfuß und zur Wegverzweigung (2120 m) empor. Nun rechts in die Flanke, unter den Geißhornfelsen schräg aufwärts in den Wildengundsattel, drüben in ein kleines Kar und über eine Stufe hinab, dann im Bogen zur Mindelheimer Hütte (2058 m).

Abstieg durch das Wildental: Von der Hütte erreicht man nach kurzem Anstieg die Kemptnerscharte (2108 m). Drüben geht es auf breitem Weg über eine sehr steile Stufe hinab und wieder etwas aufwärts zur Hinterwildenalpe (1777 m). Über von Buschwerk bestandene Steilhänge gelangt man ins Wildental und wandert talaus, wendet sich schließlich nach links, um nach Schwendle (Bus) und Bödmen zu kommen.

Geißhorn (2366 m): Von der oben erwähnten Wegverzweigung ziemlich steil längs des Südostgrates über Gras und Schutt auf diesen mächtigen, aussichtsreichen Gipfel.

Route vom Geißhorn (Mitte) zur Mindelheimer Hütte.

113

36 Steibis – Hörmoos – Hochhädrich – Eineguntkopf, 1643 m – Staufner Haus

Der Westteil der Nagelfluhkette

Talort: Steibis (861 m), Ferienort auf den Wiesenhängen über dem Tal der Weißach, Ortsteil von Oberstaufen, von dort gute Straße (5 km), auch Buslinie.

Ausgangspunkt: Von Steibis per Bus über die Höhe von Imberg bis ins Hörmoos (1275 m) mit Alpengasthof (45 Schlafplätze, Tel. 08386/8129, Fax 8633).

Gehzeiten: Hörmoos – Hochhädrich 1 Std., Hochhäderich – Staufner Haus 3½ Std.; Gesamtzeit 4½ Std., aber auch kürzere Route möglich, dann 2½ Std.

Anforderungen: Überschreitet man auch den Falken, dann ist Trittsicherheit bei den felsigen Partien (Sicherungen) notwendig, sonst Bergwege mit wenigen etwas anspruchsvolleren Stellen.

Höhenunterschiede: Auf den Hochhädrich 300 Hm, beim Gratübergang zusätzlich 420 bzw. 470 Hm im Aufstieg. 360 bzw. 410 Hm im Abstieg.

Höchster Punkt: Eineguntkopf (1643 m), evtl. Seelekopf (1663 m).

Stützpunkt: Staufner Haus (1634 m), DAV, 86 Schlafplätze, bew. von Mitte Mai bis Ende Oktober, Tel. 08386/8255.

Abstiegsmöglichkeit: Entweder Talfahrt mit der Hochgratbahn oder zu Fuß in gut 1¼ Std. auf breiten Wegen ins Weißachtal. Mit dem Bus nach Steibis.

Bei diesem Auftakt zur Durchquerung der westlichen Allgäuer Voralpen bleibt man zwar immer im Bereich der Bäume – der fruchtbare Boden sorgt für eine besonders hohe Baumgrenze, aber auch für schönsten Blumenschmuck – und doch ist der Weg ausgesprochen abwechslungsreich. Man überschreitet zudem nicht weniger als fünf Gipfel. Malerisch sind die vielen, manchmal bizarr geformten Felsen aus Nagelfluh (ein Konglomerat) und schön die trotz der Bäume weiten Ausblicke bis zum Säntis. (→ Karte S. 116/117)

Auf den Hochhädrich: Im Hörmoos rechts des Sees nach Süden, bald nach dem Hubertushaus halbrechts und Aufstieg meist durch Wald schräg empor zur Kleinhädrichalpe. Über einen steilen Hang erreicht man dann den breiten Kamm und nach Osten das Berggasthaus auf dem Gipfel des Hochhädrich (1566 m).

Staufner Haus, Seilbahnstation und Hochgrat.

Einer der typischen, bauchigen Nagelfluhfelsen.

Fünf-Gipfel-Tour: Vom Hochhädrich aus überquert man den bald ganz scharf ausgeprägten Nagelfluhgrat (etwas ausgesetzt, Sicherungen) in die tiefste Scharte und weiter über mehrere Stufen mit einzelnen Bäumen – sehr abwechslungsreich – zum Falken (1564 m). Über Gras geht es in die nahe Scharte hinab, dann führt ein kleiner Steig längs des Grates zwischen auffallenden Felsen, später über Weideflächen mit einzelnen Bäumen auf den Eineguntkopf (1643 m), dessen Gipfel wenig ausgeprägt ist. In stets typischem Nagelfluhgelände – links Felsabbrüche, rechts Steilhänge, häufig mit Bäumen – wandert man auf und südlich neben dem Grat hinüber auf den Hohenfluhalpkopf (1636 m), in die folgende Scharte hinab und wieder kurz empor zur Wegverzweigung. Nun zwei Steige: entweder einfache Querung oder Aufstieg von 12 Minuten auf den Seelekopf (1663 m) und steiler, leicht felsiger Abstieg. Aus der tiefsten Scharte quert man schließlich durch die Nordflanke zum Staufner Haus (1634 m).

Bequemere Alternative: Vom Hörmoos auf breitem Weg nach Osten und Südosten zum Berggasthaus Falkenhütte (1420 m, Gästebetten, Tel. 08386/8113, Fax 8669) und über die Weidefläche empor auf den Eineguntkopf.

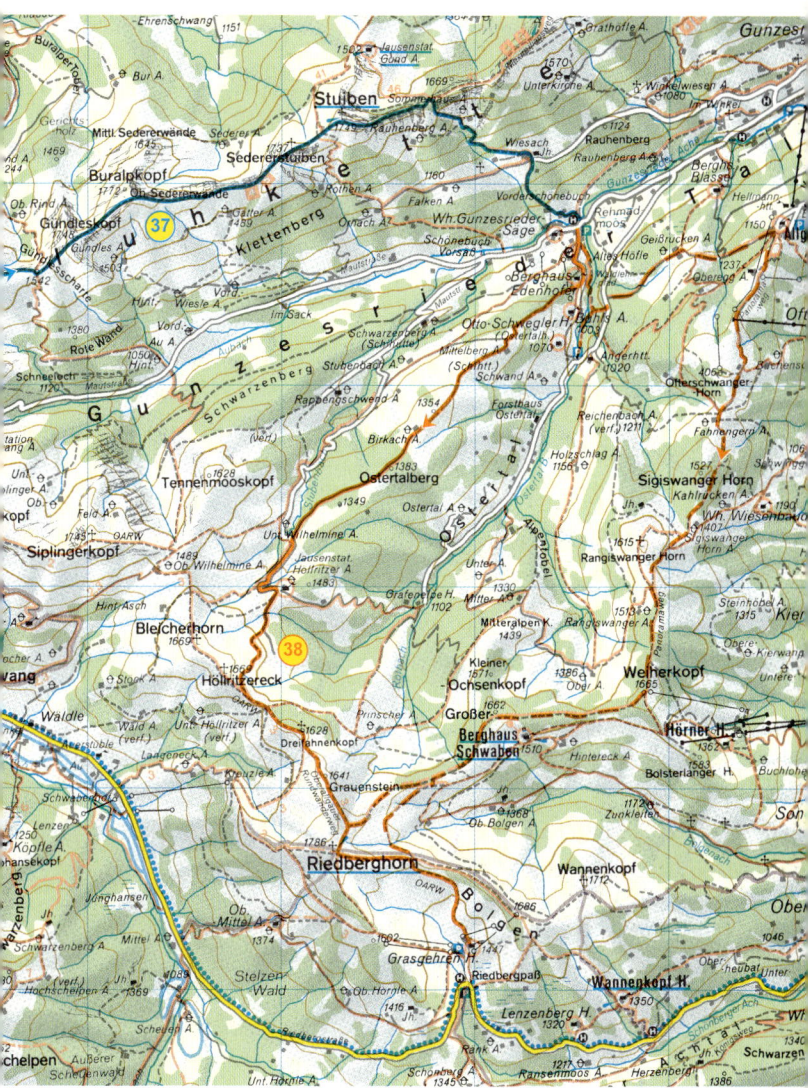

117

37 Staufner Haus – Hochgrat, 1832 m – Rindalphorn – Stuiben – Gunzesried-Säge

Sechs-Gipfel-Tour über die östliche Nagelfluhkette

Ausgangspunkt: Staufner Haus (1634 m) des DAV, das man auf unserem Höhenweg (→ Tour 36) erreicht; direkter Zugang aus dem Weißachtal in 2 Std. oder von der Bergstation der Hochgratbahn in 10 Min.
Gehzeiten: Staufner Haus – Rindalphorn 1½ Std., Rindalphorn – Stuiben 3½ Std., Stuiben – Gunzesried-Säge knapp 1½ Std.; Gesamtzeit 6½ Std.
Anforderungen: Steige in teilweise steilem, etwas felsigem Gelände (einige Si-cherungen), Trittsicherheit nötig, bei Nässe recht rutschig, viel begangen, stabiles Wetter Voraussetzung.
Höhenunterschied: Insgesamt 860 Hm im Aufstieg und 1580 Hm im Abstieg.
Höchste Punkte: Hochgrat (1832 m) und Rindalphorn (1822 m).
Stützpunkte: Staufner Haus (1634 m), DAV, 86 Schlafplätze, bew. von Mitte Mai bis Ende Oktober, Tel. 08386/8255. Gast-häuser in Gunzesried-Säge.

Für eine Bergfahrt, die zwischen 1600 und 1834 m Höhe verläuft, ist diese Sechs-Gipfel-Tour ungewöhnlich bekannt, beliebt und spannend. Man ist fast immer auf den höchsten Graten unterwegs, die mit vielen Felsen deko-riert sind und eine ungewöhnlich reiche Flora präsentieren. Niemand sollte die Tour unterschätzen! Trittsicherheit und Ausdauer dürfen nicht fehlen! Wer nur den Grat begeht und nicht weiter unserer Durchquerung folgt, wird

Am Stuiben in der Nagelfluhkette.

Ostgipfel des Steinbergs.

vom Stuiben über den Steinberg bis zum Mittag weiter wandern und von dort mit den Bahnen nach Immenstadt hinabschweben. (→ Karte S. 116)

Vom Hochgrat zum Stuiben: Vom Staufner Haus rasch zum Kamm und zur Bergstation (1700 m) hinauf und auf sehr breitem, steinigem Weg über den Kamm auf den Hochgrat (1832 m). Von dort geht es immer auf oder knapp neben dem lang gestreckten Ostgrat in die breite Brunnenauscharte (1624 m) hinab. Bequem ist dann der Weiterweg auf den Westgipfel (1812 m) des Rindalphorns und über eine Senke auf einen Zwischenkopf, anspruchsvoller das allerletzte Stück über den nun plötzlich scharfen Grat zum nahen Kreuz auf dem Hauptgipfel (1822 m). Beim Abstieg folgt man dann einer Gras- und Geröllgasse weit hinab in die Gündlesscharte. Neben dem Graskamm geht es steil auf steinigem Pfad wieder empor zum oberen Grat und etwas nach links auf den Gündleskopf (1748 m). Interessant ist der Übergang auf ausgeprägter, nur mäßig eingesenkter Schneide zum mächtigen Buralpkopf (1772 m, Drahtseile) und noch spannender der Gang über dessen Ostgrat, der vor allem nach Norden steil abbricht, in eine tiefe Scharte. Nach einem weiteren Gegenanstieg steht man auf den Sedererstuiben (1737 m) und wandert dann gemächlich hinüber auf den abgerundeten Stuiben (1749 m).

Abstieg zur Säge: Vom Stuiben über den nun wieder scharfen Grat (Sicherungen) nach Osten in den nächsten Sattel. Von dort nach Süden über die immer wieder steilen, von Felsen durchsetzten Hänge hinab nach Wiesach und über eine letzte Waldstufe zur Gunzesrieder Säge (925 m, Gasthöfe).

38 Gunzesried-Säge – Höllritzeralpe – Riedbergerhorn, 1786 m – Grasgehren

Höhenwege in den Allgäuer Flyschbergen

Ausgangspunkt: Gunzesried-Säge (925 m), letzte, kleine Siedlung im Gunzesriedertal mit Gasthöfen. Zugang auf Tour 37 oder Zufahrt aus dem Illertal zwischen Immenstadt und Sonthofen auf guter Straße; auch Buslinie.
Gehzeiten: Säge – Höllritzeralpe 2¼ Std., Höllritzeralpe – Riedbergerhorn 1½ Std., Riedbergerhorn – Grasgehren ½ Std.; Gesamtzeit 4¼ Std.
Große Hörnertour insgesamt etwa 6 Std.
Anforderungen: Wanderwege ohne alle schwierigen Stellen, bei Nässe wegen des Grasgeländes jedoch unangenehm.
Höhenunterschiede: Mit allen Gegenanstiegen knapp 1000 Hm im Aufstieg, im Abstieg 480 Hm. Bei der großen Hörnertour gut 1200 Hm im Aufstieg und 680 Hm im Abstieg.
Höchster Punkt: Riedbergerhorn (1786 m).
Stützpunkt: Gasthaus Grasgehren (1447 m), Gästebetten, Tel. 08326/7773, Fax 9549.
Abstiegsmöglichkeit: Zu Fuß nicht lohnend, doch Buslinie vom Gasthaus Grasgehren nach Fischen (Bahnhof).

Das stark verwitternde Gestein Flysch sorgt für relativ sanfte Formen der Berge (die trotzdem als Hörner bezeichnet werden!) und eine ungewöhnlich reiche Vegetation; man findet z.B. – außerhalb der Weideflächen – sehr viele Heidelbeeren. Touren in diesem Gebiet stellen keine besonderen Anforderungen, man kann also die Bergwelt in aller Ruhe genießen; dank der zahlreichen Alpen gibt es auffallend viele freie und damit aussichtsreiche Wegstrecken. Wir bieten hier außer der mittellangen Route noch eine weitere, »große« Möglichkeit an. (→ Karte S. 116/117)

Gratweg am Riedbergerhorn, hinten der Grünten.

Über den Ostertalberg und das Riedbergerhorn: Man wandert rechts des Ostertalbachs gut 10 Minuten nach Süden empor, biegt dann auf den rechten Weg ein, der immer ziemlich gerade aufwärts führt über Wiesen und durch Wald auf die weiten Höhen des Ostertalbergs. Vorbei an Mittelberg- und Birkachalpe und durch einen Wald erreicht man eine Teerstraße, die in einem Bogen zur Höllritzeralpe (Brotzeit) führt. Querend und stei-

Am Riedbergerhorn mit Besler (Bildmitte) und Mädelegabel.

gend durch die zerfurchten, teilweise nassen Hänge zum Südostgrat des
Höllritzerecks (1669 m, Aufstieg zu diesem Gipfel 25 Minuten), kurz hinab
in einen Sattel und zwischen Alpenrosen und Heidelbeeren über eine Stufe
auf den Dreifahnenkopf (1628 m). Nun folgt der aussichtsreichste Teil der
Tour, die Wanderung auf und neben dem Grat zu einem Vorgipfel und
weiter zum alles überragenden Riedbergerhorn (1786 m). Schließlich Abstieg auf sehr breitem, viel begangenem Weg nach Osten und Südosten
nach Grasgehren (1447 m).

Die große Hörnertour (in Stichpunkten): Von der Säge durch den sehens-
werten Ostertaltobel und auf Forststraßen schräg durch die Hänge zum Allgäuer Berghof. Über ein Sträßchen empor, an der Bergstation des Lifts von
Ofterschwang vorbei und unter dem Ofterschwangerhorn hindurch in den
Sattel mit der Fahnengehrenalpe. Nun auf dem Steig (»Panoramaweg«)
durch die Hänge von Sigiswanger- und Rangiswangerhorn und schließlich
über den Kamm auf den Weiherkopf (1665 m). Stets den teilweise bewalde-
ten Graten folgend über den Großen Ochsenkopf (1662 m) bis in den Sattel
dahinter. Nun entweder über das Riedbergerhorn (1786 m, Trittsicherheit
nötig) oder – 40 Minuten kürzer – nach Süden quer durch eine Grasmulde
und in einen Sattel empor, schließlich drüben hinab nach Grasgehren.

39 Grasgehren – Besler, 1680 m – Rohrmoos

Spannende Wege im Bereich eines auffallenden Felskastells

Ausgangspunkt: Gasthaus Grasgehren (1447 m), das man auf unserer Tour 38 erreicht. Man kann aus dem Illertal von Fischen auch mit dem Pkw oder Bus dort hinauffahren.

Gehzeiten: Grasgehren – Besler 1½ Std., Besler – Rohrmoos knapp 1½ Std.; Gesamtzeit 3 Std. Direkter Weg Grasgehren – Rohrmoos insgesamt reichlich 2 Std.

Anforderungen: Auf der einfachsten Route Bergwege und Alpfahrwege ohne Probleme, am Besler ist Trittsicherheit notwendig, evtl. Mini-Klettersteig von 35 m Höhe.

Höhenunterschiede: Über den Besler 450 Hm im Aufstieg, 830 Hm im Abstieg.

Höchster Punkt: Besler (1680 m).

Stützpunkte: Gasthaus Grasgehren (1447 m) in einem nach Süden offenen Hochtal, Gästebetten, Tel. 08326/7773, Fax 9549. Gasthaus Rohrmoos (1070 m) in einem stillen Seitental, Gästebetten, Tel. 08322/4417, Fax 80497. Nebenan sehenswertes Holzkirchlein von 1586.

Abstiegsmöglichkeit: Von Rohrmoos durchs Tal der Rohrmooser Starzlach in knapp 1½ Std. nach Tiefenbach, dort Bus nach Oberstdorf.

Der Besler zeigt für einen Voralpenberg von lediglich 1680 m eine außergewöhnliche Gestalt. Als Felskastell mit senkrechter Ostkante, glatter Nordwand und vielen Zacken im langen Westgrat ragt er ganz auffallend über den Kamm empor und sieht recht unnahbar aus. Es führen jedoch mehrere Steige zum Gipfel, die viele Wanderer und Bergsteiger anlocken. Ein Schmankerl bietet der Nordwandriss mit einem echten Klettersteig – allerdings von nur 35 m Höhe.

Direkter Weg nach Rohrmoos: Von Grasgehren wandert man hinab zur Passstraße und folgt dem rechten Zweig noch 600 m. Dann biegt man links ab und erreicht nach kurzem Abstieg die Schönbergalpe (1345 m) inmitten der Weideflächen. Nun wieder empor zu einer nahen Verzweigung. Hier kommt man nach rechts bald zur Geländekante und quert anschließend mit Auf und Ab die Steilhänge des Schafkopfs zur Dinigörgenalpe (1280 m). Von dort auf den Alp-Fahrwegen nach Süden (bei der ersten Verzweigung rechts, bei der zweiten links) zur Toniskopfalpe. Ein Fußweg führt über Wiesen und durch Wald hinab nach Rohrmoos auf weiten grünen Böden.

Über den Besler (1680 m): Von der Wegverzweigung nahe der Schönbergalpe steigt man stets etwas nach links über die üppig bewachsenen Hänge – oberhalb sehr malerische Felsen – bis in einen kleinen Kessel mit Blöcken empor. Nun muss man sich entscheiden: entweder links kurz am Wandfuß entlang und dann durch eine 35-m-Rinne in fast senkrechter Wand an guten Drahtseilen, aber ausgesetzt unmittelbar auf den Gipfel; oder gerade empor in eine Lücke, drüben 30 Hm hinab, südlich unter den Felsen hindurch und so ohne Kletterei zum Ziel.

Beim Abstieg benützt man auf jeden Fall die Südroute, die erst ein gutes Stück unter den Gratzacken nach Westen, dann direkt hinab ins Almgelän-

de führt. Man trifft im rechten Winkel auf einen breiten Weg, dem man etwa 20 Minuten nach Westen folgt bis zur Fahrweg-Verzweigung nahe der Dinigörgenalpe (dort geht es links, also nach Süden, weiter).

40 Rohrmoos – Untere Gottesackerwand – Mahdtal – Kleinwalsertal

Oder stattdessen eine »schnelle« und einfache Möglichkeit

Im Rohrmoos mit Gottesackerwänden.

Ausgangspunkt: Gasthaus Rohrmoos (1070 m), nebenan sehenswertes Holzkirchlein von 1586; man erreicht den Weiler auf unserer Tour 39 oder mit dem Auto von Tiefenbach bei Oberstdorf auf einer Mautstraße.

Gehzeiten: Direkte Route Rohrmoos – Schwende 2¼ Std. Rohrmoos – Untere Gottesackerwand ebenfalls 2¼ Std., Gottesackerwand – Mahdtalhaus 1¼ Std.; Gesamtzeit 3½ Std.

Anforderungen: Entweder ganz bequem über den Hörnlepass auf Forststraßen (evtl. zwischendurch auf oft nassem Steig); oder nur kleine Bergwege mit steilen Stellen zur Gottesackerwand, dort ist Erfahrung und etwas Trittsicherheit nötig.

Höhenunterschiede: Zum Hörnlepass 330 Hm, auf die Untere Gottesackerwand 840 Hm im Auf- und Abstieg.

Höchster Punkt: Untere Gottesackerwand (Ostgipfel, 1846 m).

Stützpunkt: Gasthaus Rohrmoos (1070 m) in einem stillen Seitental, Gästebetten, Tel. 08322/4417, Fax 80497. Mahdtalhaus (1100 m), in Riezlern-Schwende am Bergfuß gelegen, DAV, Sektion Stuttgart, Selbstversorgerhütte, 34 Schlafplätze, Tel. 08329/6423. Viele Gasthäuser im Kleinwalsertal.

Abstieg: Vom Mahdtalhaus in wenigen Minuten in die Ortsmitte von Schwende; dort Busverkehr.

Nur bei ungünstigen Bedingungen wird man den bequemen Weg über den Hörnlepass einschlagen, denn so würde man eine wirklich eindrucksvolle, sehr stille Hochtour verpassen. Die Steige, die zur Unteren Gottesackerwand führen, sind allerdings klein und eignen sich nur für zuverlässiges Wetter. (→ Karte S. 123)

Die kurze Route: Von Rohrmoos wandert man auf der Straße gut 20 Minuten nach Südwesten. Bei einem Schild beginnt ein Fußweg über moorige Wiesen, der dann durch einen unregelmäßigen, ebenfalls nassen Wald zu einer weiteren Forststraße führt. (Bei Nässe besser: Auf dem Talsträßchen noch 15 Minuten weiter, dann nach links auf die Forststraße abbiegen.) Auf ihr geht es durch Wald hinauf in den Hörnlepass (1283 m). Jenseits folgen

»weltabgeschiedene«, moorige Wiesen, bis man das Gasthaus Hörnlepass erreicht. Von dort immer auf dem Fahrweg über Klausenwald nach Schwende im Kleinwalsertal.

Über die Gottesackerwand: Wie beschrieben zur oberen Forststraße. Bei einem Hochsitz beginnt ein ganz unauffälliger Steig, der in zahllosen Kehren durch eine schmale, teilweise üppig überwucherte Schneise die kleine Gratscharte neben dem Gatterkopf mit seinen senkrechten, gebauchten Felsen erreicht. Drüben nur kurz hinab in einen Wiesensattel (1567 m) am Fuß der Unteren Gottesackerwände. In einem nach links führenden Bogen steigt man empor in die Steilhänge neben der großen Felsfluh, dann geht es über eine Stufe, schließlich wandert man in weiträumigem Gelände zum Gratrücken und auf ihm zum Ostgipfel (1846 m) der Unteren Gottesackerwand. Noch kurz über den Kamm, dann durch verkarstete Tälchen hinab in den Windecksattel (1752 m) und nach links ins Mahdtal. Nahe der Baumgrenze kommt man am Höllloch vorbei, einer berühmten, 77 m tiefen Schachthöhle. Schließlich erreicht man meist durch Stangenholz die Talregion beim Mahdtalhaus.

Ein Tipp (interessante Erweiterung der Tour): Eine Wanderung vom Windecksattel über die Scharte in der Oberen Gottesackerwand und über den Gottesacker zur Hütte »Bergadler« unter dem Ifen dauert gut 2 Stunden. Von dort Abstieg und Lift-Talfahrt zur Auenhütte im Schwarzwassertal.

Obere Gottesackerwände über dem Mahdtal.

Stichwortverzeichnis